KB147096

코젤렉의 개념사 사전 14

보수, 보수주의

코젤렉의
개념사 사전 14

보수, 보수주의
Konservativ, Konservatismus

루돌프 피어하우스 지음
라인하르트 코젤렉 · 오토 브루너 · 베르너 콘체 엮음
한림대학교 한림과학원 기획
이진일 옮김

Konser
vativ,
Konser
atismus

푸른역사

일러두기

· 이 책은 오토 브루너Otto Brunner · 베르너 콘체Werner Conze · 라인하르트 코젤렉Reinhart Kosellek이 엮은 《역사적 기본 개념: 독일 정치·사회 언어 역사사전Geschichtliche Grundbegriffe. Historisches Lexikon zur politisch-sozialen Sprache in Deutschland》(Stuttgart: Klett-Cotta, 1972~1997) 중 〈보수, 보수주의Konservativ, Konservatismus〉(제3권, 1982, pp.531~565) 항목을 옮긴 것이다. 루돌프 피어하우스Rudolf Vierhaus가 전체 내용을 집필했다.
· 미주는 저자, 각주는 옮긴이의 것이다. 각주로 처리된 옮긴이 주의 경우 주석 앞에 [옮긴이] 표기를 했다.
· 이 책은 2018년 대한민국 교육부와 한국연구재단의 지원을 받아 간행되었다(NRF-2018S1A6A3A01022568).

번역서를 내면서

● ● ● 　《코젤렉의 개념사 사전》(원제는 《역사적 기본 개념 *Geschichtliche Grundbegriffe*》)은 독일의 역사학자 라인하르트 코젤렉 Reinhart Koselleck(1923~2006)이 오토 브루너Otto Brunner, 베르너 콘 체Werner Conze와 함께 발간한 '독일 정치·사회 언어 역사사전 Historisches Lexikon zur politisch-sozialen Sprache in Deutschland'입니다. 이 책은 총 119개의 기본 개념 집필에 역사학자뿐 아니라 법학자, 경제학자, 철학자, 신학자 등이 대거 참여한 학제 간 연구의 결실입니다. 또한 1972년에 첫 권이 발간된 후 1997년 최종 여덟 권으로 완성되기까지 무려 25년이 걸린 대작입니다. 독일 빌레펠트대학의 교수였던 코젤렉은 이 작업을 기획하고 주도했으며, 공동 편집자인 브루너, 콘체가 세상을 떠난 후 그 뒤를 이어 책의 출판을 완성했습니다.

　《코젤렉의 개념사 사전》이 가진 의의는 작업 규모나 성과물의 방대함뿐만 아니라 방법론적 혁신성에도 있습니다. 기존의 개념사가 시대 배경과 역사적 맥락을 초월한 순수 관념을 상정하고 그것의 의미를 밝히는 데 치중했다면, 《코젤렉의 개념사 사전》은 정치·사회적 맥락 속에서 전개되는 의미의 변화 양상에 주목합니다. 따라서 코젤렉이 말하는 '개념'은 '정치·사회적인 의미연관들로 꽉 차 있어서, 사용하면서도 계속해서 다의적多義的으로 머무르는 단어'입니다. '기본 개념'은 그 중에서도 특히 정치·사회적인 현실과 운동에 강력한 영향력을 행사한 개념을 가리킵니다.

나아가 《코젤렉의 개념사 사전》은 근대성에 대한 깊은 성찰을 담고 있습니다. 코젤렉은 1750년부터 1850년까지 유럽에서 개념들의 의미에 커다란 변화가 나타나, 근대 세계와 그 이전을 나누는 근본적인 단절이 발생했음에 주목했습니다. 이러한 단절을 그는 '말안장 시대' 또는 '문턱의 시대'로 표현한 바 있습니다. 또한 코젤렉은 근대에 들어오면서 개념은 '경험 공간과 기대 지평'이라는 두 차원을 가진 '운동 개념'이 되었음을 드러냄으로써 근대성에 대한 물음을 성찰하도록 해주었습니다.

《코젤렉의 개념사 사전》은 방대한 기획과 방법론적 혁신성, 근대성에 대한 통찰을 담은 기념비적 저작이라는 면에서 광범위한 차원의 호평과 반향을 불러일으켰습니다. 또한 분과학문의 틀을 뛰어넘는 인문학적 역사 연구의 전망을 제시했다는 점에서 개념사 연구의 표본적 모델로 인정받고 있습니다. 개념사 연구가 비교적 늦은 한국 사회에도 이 책의 존재는 어느 정도 알려져 있습니다.

한림과학원은 2005년 《한국 인문·사회과학 기본 개념의 역사·철학사전》 편찬 사업을 시작하여 2007~2017년 인문한국(HK) '동아시아 기본 개념의 상호소통 사업'을 수행해왔습니다. 2018년부터는 인문한국플러스(HK⁺) '횡단, 융합, 창신의 동아시아 개념사'로 확장하여 동아시아 개념사 연구의 새로운 지평을 여는 데 기여하고자 합니다. 전근대부터 근대를 거쳐 현대에 이르기까지 동아시아에서 개념이 생성, 전파, 상호 소통하는 양상을 성찰하여, 오늘날 상생의 동아시아 공동체 형성을 위한 소통적 가능성을 발견하는 것이 이 사업의 목표입니다. 《코젤렉의 개념사 사전》의 번역은 우리나라에서 처음 시도하는 작업으로, 유럽의 개념사 연구 성과를 정확하게 이해하는 데 필수적입니다. 그 결과물로 2010년 1차분 〈문명과 문화〉, 〈진보〉, 〈제국주의〉, 〈전쟁〉, 〈평화〉, 2014년 2차분 〈계몽〉, 〈자유주의〉, 〈개혁과 (종교)개혁〉, 〈해방〉, 〈노동과 노동자〉를 내놓았습니다. 이어서 이번에 3차분 〈위기〉, 〈혁명〉, 〈근대적/근대성, 근대〉, 〈보수, 보수주의〉, 〈아나키/아나키즘/아나키스트〉를 내놓습니다. 이를 계기로 개념사 연구에 대한 관심이 더욱 높아지고, 개념사 연구방법론을 개발하는 시도가 왕성해지기를 바랍니다.

2019년 2월
한림대학교 한림과학원 원장 김용구

CONTENTS

루돌프 피어하우스 Rudolf Vierhaus(1922-2011)

독일 근대사 전공 학자. 1941년 제2차 세계대전에 참가했고, 전쟁 포로에서 풀려난 1947년 뮌스터Münster에서 역사학 공부를 시작했다. 1964년 독일의 보쿰Bochum대학 역사학부 교수가 되었고, 1971년부터는 괴팅엔Göttingen에 있는 막스-프랑크Max-Planck 역사학연구소 소장으로 재직해 그곳에서 1990년 퇴임했다. 계몽주의 이후의 독일 사회경제사, 사상사, 비교사회사, 학문사 등이 그의 주된 관심 영역이며, 그 밖에도 사학사, 역사 이론, 문화사 등의 이론적 토대를 연구했다. 대표작으로는 《절대주의 시대의 독일Deutschland im Zeitalter des Absolutismus》(2. Aufl. 1984), 《국가와 신분제Staaten und Stände》(베를린 1984), 《18세기 독일 : 정치 헌법, 사회적 틀, 정신적 운동》(Göttingen, 1987) 등이 있으며, 80회 생일을 맞아 그의 논문 모음집인 《역사로서의 과거Vergangenheit als Geschichte》(Göttingen, 2003)가 출간되었다.

서론

'보수'와 '보수주의' 개념은 독일 정치 언어 가운데 출현 시점에 대한 추적이 가능한 인위

적 단어, 혹은 신조어(Neologismen)라 할 수 있다. 이 개념들은 처음부터 정치적 대립 개념

들('자유주의', '민주주의', '급진주의')을 통해 강력하게 그 의미가 함께 규정되었다.

Einleitung
I. 서론

● ● ●　　　　　'보수'와 '보수주의' 개념은 독일 정치 언어 가운데 출현 시점에 대한 추적이 가능한 인위적 단어, 혹은 신조어 Neologismen라 할 수 있다. 이 개념들은 처음부터 정치적 대립 개념들('자유주의', '민주주의', '급진주의')을 통해 강력하게 그 의미가 함께 규정되었으며, 이들 대립 개념들과 마찬가지로, 사람들의 언어적 통용 속에서 점차 일반화되고 의미의 경계가 불분명하게 되었다. 그 이유는 특히 이 개념이 종종 정치 영역을 넘어, 일반적인 지적·사회적·윤리적 행동양식이나 사유방식 등을 표현할 때에도 사용되었기 때문이다. 이와 더불어, 오늘날 보수주의 개념을 집단과 정당, 혹은 세대 전체에 대한 전반적인 정치적 특성을 규정하는 데 적용시키는 현상은, 이 개념을 여전히 정치적으로 의미있게 사용할 수 있을 것인지 의심스럽게 만든다.

독일에서는 이처럼 그 개념들의 경계가 흐려지고 불분명해지는 현상이 제2차 세계대전 이후 더욱 강화되었다. 이는 의식적이며 조직화된, 자발적으로 자신들을 그렇게 명명하는 정치적 보수주의가 오랫동안 부재했기 때문이며, 그래서 정치적 보수주의는 역사의 흐름 속에서 스스로 신뢰를 잃은 것으로 보인다. 물론 사회가 발전하는 과정 속에서 보수주의가 수행하는 정치적·사회적 기능에 대한 심도있는 정치학적 논의는 존재한다.

문제의 배경 :
'전통주의' — '보수주의'

인간의 보편적 기본 입장으로서 보수주의뿐만 아니라 하나의 의식적인 정치적 태도로서

보수주의는, 이러한 입장과 태도에 대해 '보수적'이라는 개념을 적용한 것보다 훨씬 오랜

역사를 갖고 있다.

CHAPTER II

Zur Problemlage: 'Traditionalismus' — 'Konservatismus'

Ⅱ. 문제의 배경: '전통주의' — '보수주의'

●●●   인간의 보편적 기본 입장으로서 보수주의뿐만 아
니라 하나의 의식적인 정치적 태도로서 보수주의는, 이러한 입장과
태도에 대해 '보수적'이라는 개념을 적용한 것보다 훨씬 오랜 역사
를 갖고 있다. 독일에서의 이러한 정치적 태도는 계몽주의, 자연권
사상, 인권론, 점진적인 공공성의 확장, 계몽화된 정부의 실용적 개
혁 등에 대한 반작용으로, 이미 프랑스혁명 이전부터 관측할 수 있
었다. 이런 것들에 대항해 "기존의 것들"을 보존해야만 된다거나,
혹은 필요할 경우 개혁을 "기존의 것들"과 연결시켜, 경직되고 부패
한 제도들을 다시 활기있게 만들어야 한다는 것은 이미 상당히 널
리 퍼져있던 신념들이었다. 그 신념이란 몇몇 극적인 대책을 통해
반동적reaktionär 정책 — 예를 들면 1785년 바이에른Bayern에서 비
밀 자유사상가 결사단Illuminatenorden에 대한 금지 이후 검열을 재
강화한다든가, 1788년 프로이센에서 뵐너의 종교칙령Woellnersche

Religionsedikt*이 내려진 것 같은 ─ 을 지속시키고자 하는 생각이었다. 이들 보수주의의 특징은 개별적 변화에 대한 저항에 국한된 것이 아니라, 모든 삶의 범위를 포괄하는 시대의 변화 전체에 대한 저항을 지향했다. 보수주의는 이미 정치적 성격들을 갖고 있었지만, 대부분은 전통주의라는 보다 보편적인 형태 속에 가려 있었으며, 변화에 대한 거부가 적극적인 창출Gestaltung에 대한 의지보다 강했다.

칼 만하임Karl Mannheim은 "특별한 역사적 특성을 갖는 근대적 현상으로서의 보수주의"와 "일반적이고 인간적인 특성으로서의 전통주의Traditionalismus"를 구분했다. 후자의 경우는 "우리가 오래 전부터 간직해왔던 것을 끈질기게 고집하며, 내키지 않지만 어쩔 수 없이 개선에 착수하는, 그런 보통의 인간적인 정신적 천성을 드러낸다." 즉 주어진 상황 속에서 기대에 걸맞는 인간적 대응을 드러내는 심리적 외형이 특성이다. 이에 반해 보수적 행태란 단지 외형상으로만 반동적인 것이 아니라, "객관적으로 이미 주어진 구조관계Strukturzusammenhang라는 의미에서의 행태"이며, 이는 역사적으로 증거를 제시할 수 있고, 오직 그런 구조관계 내에서만 각각의 주

---

* [옮긴이] 뵐너의 종교칙령 : 1788년 7월, 프로이센의 프리드리히 빌헬름 II세에 의해 선포된 종교칙령으로, 프로이센의 목사 요한 크리스토프 폰 뵐너Johann Christoph von Woellner(1732~1800)는 계몽주의의 영향이 기독교에 침투하는 것을 제한하고자 왕을 움직여, 성직자들로 하여금 철저히 자신들의 신앙고백서만을 바탕으로 설교하도록 의무화한다. 이 칙령은 5년 후인 1793년 해제된다. 1797년 프리드리히 II세의 죽음과 함께 그의 정치적, 종교적 권력도 함께 몰락하였다.

관적 행위들이 이해될 수 있다.[1] 이처럼 유형화시킨 구분에 너무 의미를 둘 필요는 없다. '전통주의' 또한 역사적·사회적으로 각인되어 온 것이므로, 이에 대한 심리학적·인류학적 의미만으로는 충분하지 않다. 다른 한편 보수주의에는 모든 정치적 입장에 나타나는 정치 이전의 요소들vorpolitische Elemente이 특히 강하게 남아 있다.

이러한 요소들은 일반적으로 별다른 성찰없이, 개인이건 특정 집단에 국한된 경우건, 강력하게 전통에 기반해 생성해낸 종교적·도덕적·심미적 추동력과 물질적 이해관계에서 나온 결과이며, 창조적 행위보다는 무언가에 대한 대응적 행위에 더 큰 동기를 부여한다. 이에 따라 이론과 실재의 관계에서 무게중심은 후자에 놓인다. 때문에 '보수적'이라는 명칭이 자신들 스스로를 일컫는 칭호로 사용되기보다는, 외부에 의해 더 자주 불렸다는 사실이 이러한 관계를 설명해준다. 하지만 이러한 사실이 한편으로 보수주의를 정치적으로 과소평가하도록 잘못 이끌어서도 안 되며, 그 반대로 인간의 원초적인 행동양식이라는 인류학적 차원, 즉 천성적으로 타고난 특성으로 치부해버려도 안 된다. 만일 그렇게 된다면, 보수주의적 사고가 그 자체로 질서 지향적이라는 보수적 자기해석을 인정하는 결과가 될 것이다. 전통주의가 물론 상당 부분 정치적 보수주의의 전제를 구성하고 있기는 하지만, 그러나 이것이 정치적 보수주의를 위해 꼭 필요한 조건도 아니다. 그보다는 오히려, 보수주의란 개인 혹은 집단으로 드러나는 의식적인 정치적 입장 표명으로— 일반화시켜 표현하자면 — 자신들의 소유나 삶과 관련된 일반적 국면들이 경제적·사회적·정치적 관계들의 변화를 통해 위협받고 있다고 보았으며, 역사적 지속성의 유지, 법의 엄수, 문화의 지속 등을 곧 이런 위기에 대한 방어와 동일시했다. 그들은 이러한 "파괴적" 경향들에 대해 질서유지를 담당하는 공권력, 사법제도와 행정력 등을 통해 대응하는 것을 자연에 합당하는 과제로 보았다. 이들의 생각에 따르면 교육과 학습의 임무는 전통의 가치에 대한 의미를 깨우치고, 기존 질서에 기반한 긍정적 가치관을 만들어내는 것이다.

이런 의미에서의 보수주의적 사고와 행태는, 근본적이고 전면적인 사회적 변화에 직면한 상황에서는 자신들의 반동적 목표를 설정할 때 전적으로 급진적 노선을 취할 수 있다. 만일 보수주의가 단지 과거의 지배형식을 재건하고, 지배계급의 귀환을 통해 과거 자신들의 역할을 되찾고자 하는 것뿐만 아니라, 이러한 역할이 더 이상 필요치 않은 상황에서도 한때는 신성했지만 인간적 오만함Hybris으로 인해 회복 불가능하게 파괴되어버린 질서를 회복하고, 거부된 현재를 넘어 현실 저편의 신성한 미래를 목표로 추구하고자 한다면, 정치적·이데올로기적 프로그램으로서의 보수주의는 혁명적 잠재력이 될 수 있다.

전통주의와 보수주의 사이의 이러한 복잡한 관계는 다음과 같은 사실에서 그 개념상의 차이를 드러낸다. 즉 한편으로는 보수주의가 무엇인지를 내용적으로 규정하기 위해 지속, 유지, 유기적 성장, 보존, 존치, 보호, 질서, 법칙적 지속, 역사적 발전, 연속성 등의 ― 전통주의의 의미영역에서 나온 ― 수많은 단어들이 지속적으로 동원된다. 다른 한편으로는 전통주의적 행동양식과 사고구조는 늘 반복적으로 '보수적'이라고 표현되어왔다. 그래서 전통주의적 혹은 보수주의적 정치관에 대한 자신들 스스로의 표명과, 일반적으로 통용되는 개념상 경향에 대한 지칭 사이의 분명한 구분은 불가능하다. '보수적'이라는 개념에 대한 구체적 용법의 역사를 통해서도 정치적 보수주의에 대한 충분한 지식을 얻을 수는 없다. 하지만 아마도 이 개념의 수용 과정과 이를 정의내리고자 했던 다양한 시도들의 역사, 나아가 정치적 논구 과정 속에 드러나는 개념의 기능과 위상 변화를 통해 보수주의의 역사적 형성을 해명할 수 있을 것이다.

유럽의 과거 속 전통주의적·
복고적·보수적 사유구조

근대 세계의 형성기까지 유럽의 정치사상적 전통 속에는 외부로부터 지속적인 파괴 위협
과 내부로부터 몰락에 대항해 기존의 사회적·제도적 질서를 지탱하고자 하는 경향이 있
다. 그리고 소위 본질적이고, 맡겨진 임무에 합당한 이상적 형태로 제도를 개선하여, 교란
되고 부패한 질서를 재건하고자 하는 요구가 지배적이었다.

CHAPTER III

Traditionalistische, restaurative und konservative
Denkstrukturen in der europäischen Vergangenheit
Ⅲ. 유럽의 과거 속 전통주의적·복고적·보수적 사유구조

● ● ●　　　근대 세계의 형성기까지 유럽 정치사상의 전통
속에는 외부로부터 지속적인 파괴 위협과 내부로부터 몰락에 대항
해 기존의 사회적·제도적 질서를 지탱하고자 하는 경향이 있다. 그
리고 소위 본질적이고, 맡겨진 임무에 합당한 이상적 형태로 제도
를 개선하여, 교란되고 부패한 질서를 재건하고자 하는 요구가 지
배적이었다. 몰락과 쇠락, 인간 자신이 초래한 현재의 타락 등에 대
한 한탄, 새로운 것과 새롭게 만드는 일에 대한 경고, 오래전부터
통용되어온 진리에 대한 원용과 이를 기반으로 하는 삶의 질서, 인
간과 인간 세상에 대한 회개와 갱신에 대한 요구 ― 이 모든 것들이
이러한 전통 지형Topoi을 구성하고 있으며, 그 속에 여전히 남아있
는 혁명적 변혁의 의지나 실재적 변화들은 복고Restaurationen라는
이름으로 정당화된다. 전통주의적이며 과거 회귀적 의미에서의 보
수적 사고방식은, 고대에는 지난 전성기 시절 대두되었던 조화의

이념 속에서, 중세에는 기독교 원시공동체의 모범적 신앙심에서, 근대 초기까지는 옛 법들이 갖는 구속력에 대한 신념 속에서 그 구체적 형태를 찾았다.

오래전부터 통용되어 오던 진리에 기대는 일은 철저한 계획에 따른 변화에의 요구보다 사실 훨씬 오래된 일이다. 물론 옛 유럽의 농민—귀족의 세계가 지속적으로 변화를 경험하기도 했지만, 인간은 천성적으로 과거로부터 전해 내려온 규범들Normen을 지향하였고, 이에 대한 추종, 어떤 경우에는 이들을 다시 들춰내고 부활시키는 일들을 도덕적 과제인 동시에 정치적 과제로 간주했다. 원형으로 돌아가기reformatio, 새롭게 거듭나기renovatio, 원천으로 돌아가기 revolutio 등의 개념과 이의 독일어 표현들은 18세기 중반을 넘어서 까지도 오래된 것에 대한 재발견과 회귀, 개선되고 발전된 원상회복Wiederherstellung을 의미했다. 즉 전혀 해방적이거나 혁명적 특성을 갖고 있지 않았다. 또한 16세기 교회의 종교개혁도 ― 헤겔에 의해 '혁명'으로 표현된 바 있는 ― 독일사에서 가장 중요한 개혁 운동이기는 하지만, 중세적 의미에서는 교회 갱신renovation ecclesiae, 즉 그리스도의 상을 따라 인간이 새롭게 만들어지는 것이 실현되는 그리스도 율법Lex Christi으로의 회귀로 보았다.

군주와 정부의 최고 과제를 기존의 소유관계와 권리들이 놓여 있는 자신들의 국가와 영토, 헌법 등의 유지에 두는 것이 유럽 법사상의 기본 토대였고 정치적 실천이었으며, 가문과 봉토의 지배 속에서 그 유사한 형태를 발견할 수 있다. 제들러Zedler의 1741년 《백과

사전*Universal–Lexikon*〉에 따르면 "본질적이며 법적인 의미에서 정부의 과제는 공동의 제도에 대한 관리와 국가 복지의 유지와 지원을 위해 유용한 모든 것들을 지원함에 있다."[2] 공동의 안녕을 "유지하는 일"과 신민들Untertan이 자신들의 종교와 권리·재산·번영 등을 유지하도록 하는 일 ― 바로 그것이 정치평론가뿐 아니라 도전적 지방의회 대표들, 너그러운 지방 영주들 모두가 동일하게 요구하는 상투적 연설이었다.

멕클렌부르크-슈베린Mecklenburg–Schwerin 공작은 1755년 〈공국 기본법상의 상속법 비교〉에서 "전체 기사령과 봉토에 대한 철저한 보장과 그 권리의 유지·정의·자유·우선권·전례 및 각 신분이 스스로 저마다의 특성과 법적 절차에 따라 획득한 모든 영지와 봉토의 보장과 유지"를 확약했다.[3] 선거 공약에서는 전적으로 유지와 보존, 지속에의 허용과 같은 언급들이 기조를 이루었으며, 자산을 유지하고자 하는 경향이 지배적이었다. 또한 단지 근대화된 신분제 의회와 왕국의 개혁을 통해 절대주의를 극복하고자 희망했던 신분제 비판자들도 보수적 입장, 즉 기존 제도들에 대한 유지를 옹호한다. 나아가 계몽 영주와 작가들마저도, 정부의 역할 중 자의적 지배에 대한 거부와 엄격한 법 적용의 강조 등을 표명할 때 유지Erhaltung의 개념을 자주 사용했다. 스바레츠C. G. Svarez는 1791/92년 황태자 앞에서 연설할 때, "국가의 목적이 외적·내적 평안과 안전을 유지하는 것이며, 폭력과 훼방에 맞서 각자 자신의 소유를 보호하는 것임"[4]을 강조했다. 이러한 정의는 법 제정이 긍정적 창안과 변화의 도구라는 동시대의 계몽화된 시각과 상호 모순되는 것이 아니다.

결국 계몽사상은 그 개념에서 ― 단순한 기존 관계들뿐 아니라 (재산과 취득한 권리들에 대한) 기본 원칙들과 근본 가치들(인간애, 애국심, 종교, 법질서, 교육 등)까지 포괄해 ― 유지Erhaltung의 경향들을 확고하게 포함하고 있다. 독일 계몽주의의 이런 가치보수주의 Wertkonservatismus*는 절대주의 정부의 자비와 계도를 중시하는 경향과 밀접하게 연관되어 있다. 이런 계몽보수적 계도절대주의 Steuerungsabsolutismus에 대항해 신분제 지향의 특권층 보수주의는 반발했다. 그 과정에서 체계보수주의Systemkonservatismus라는 구조가 형성되는데, 즉 처음에는 급진적 계몽주의에 반대하는 대응 모습으로 나타났다.

이 과정은 유지의 개념성Erhaltungs–Begrifflichkeit에서 확인할 수 있는데, 즉 그들이 자신들의 적을 혁명가·전복자·파괴자 등으로 부르며 비판과 의혹을 제기했던 것이다. 그 시작은 논란이 많은 노선과 집단들을 특별히 분류하여 총괄적 개념들Sammelbegriffen로 이름 붙인 데서 시작되었다. 오랫동안 반계몽주의자들을 표현할 분명한 개념이 존재하지 않았다. 반대자들로부터는 '귀족정 옹호론자 Aristokraten', '반개화론자Obskuranten', '광신주의자Zeloten' 등으로

---

* [옮긴이] 가치보수주의 : 한 사회 내의 지배적인 가치를 보존하고자 하는 기본 입장을 표현하는 개념어. 자연의 보호와 휴머니즘적이며 인간 사이의 연대를 중시하고 개개인의 가치와 존엄을 위한 정책을 중시하는 보수주의로, 가치상대주의나 체제보수주의와 대응되는 개념.

불렸고, 프랑스혁명이 일어난 이후에는 왕당파Royalisten, 궁정당 Hofpartei 등으로, 간혹은 이미 '반동주의자Reaktionäre' 등으로 불리기도 했다.[5]

자신들끼리 칭할때는 서로 '반혁명주의자Antirevolutionäre'[6] 혹은 "진리와 법의 친구들"[7] 등의 개념을 사용했다. 정치적 양극화 의식이 심화되는 데에는 점차 혁명에 대한 입장만이 아니라 ─ 그보다 훨씬 일반화된 방식으로 ─ 기존의 사회적·정치적 관계들에 대한 의도적 변화의 문제가 더 결정적이었다. 즉 이런 대립의 근거들을 정치적 목표 설정을 넘어 인간의 천성이나 사회 속에 이미 주어져 있는 것들에서 찾았다. 1805년 프리드리히 겐츠Friedrich Gentz는 "도덕적이며 지적 세계를 구성하는 두 원칙", 즉 "진보의 원칙"과 이에 대한 불가피한 제어로 "보존의 원칙"[8]에 대해 언급한다. 아담 밀러Adam Müller는 1809년, "보존의 정신Geist der Erhaltung"을 "생산의 사고Idee der Produktion"와 대립시켰다.[9] 동일한 발상에서 아이헨도르프Eichendorff는 1830년 프랑스 상원을 "안정"의 대변자로, 하원을 "지속, 발전, 영원한 운동성"의 대변자로 간주하고자 했다.[10]

아레틴Aretin과 로텍Rotteck은 1823년, 도처에서 격렬한 싸움을 불러일으킨 '귀족정'과 '민주정'을 구성하는 요소들에 다양한 이름을 붙였다. "안정과 진보, 토지 소유와 화폐 소유, 소유와 존재, 자유와 예속, 지배와 피지배, 정부와 야당, 신념과 이해 등등." 이 두 저자는 빈Wien에서 출판되는 한 잡지를 인용하여, 한편은 "주어진 것, 유기적인 것, 긍정적인 것"으로, 다른 한편은 "비유기적인 것,

해체시키는 것"으로 구분했다. 그들 스스로도 현실과 이상 양 극단 중 "입헌군주정의 지지자들" 속에 "군주정의 참된 친구들"이 있다고 보았다.[11] 1825년 프리드리히 안칠론Friedrich Ancillon은 "기존의 획득된 원칙들과 움직이고 새로 만들어지는 원칙 사이에서 평형을 취하거나, 혹은 적어도 양 원칙을 제한하고 서로 간에 영향을 미치도록 하는 것이야말로 법안 제정의 최고 작품"이라고 확신했다.[12]

1819년 이후 독일의 반동적 전환과 함께 정치적 입장을 개념적으로 더 분명하게 정의내릴 것에 대한 필요성이 강화된다. '자유주의적liberal'으로 표현되는 입장이 먼저 등장했고, 자신들의 반대 입장에 대한 명명을 요구하면서 자유주의적이라는 입장은 주도적 기능을 담당하게 된다. 1823년 라이프치히Leipzig의 빌헬름 트라우고트 크룩Wilhelm Traugott Krug은 ― 아마도 최초로 ― '비자유주의Illiberalismus'와 '예속주의Servilismus'라는 표현은 너무 지나치다고 보면서, 그보다는 '반자유주의Antiliberalismus'라는 개념을 사용했다.[13] 4년 후, 크룩이 보기에 세상에는 "자유주의자Liberalen와 예속주의자Servilen라는 이름으로 표현할" 수 있는 오직 두 당파밖에 없었다. '반자유주의'는 그에게는 "절대적 예속주의"를 의미했다.[14] 1829년 그는 다시금 '토리주의Torysmus'를 '전제정'이나 '비자유주의', 나아가 '극단적 왕당파'와도 동일한 의미로 사용했다.[15]

이보다 더 참고가 되는 것은 루드비히 하셔 폰 안멜딩엔Ludwig Harschers von Almendingen인데, 정치적 지향의 근본 문제를 제기함으로써 개념의 명확성에 기여했다. 즉 양 극단 사이에 있는 입장들에 대한 규정을 시도하는데, 1823년 하셔는 '혁명적 정당'을 '전복적 자유주의' 혹은 '정치적 단일화론자politische Unitarier'로, 그 반대 세력을 '보존적 반개화주의konservatorischer Obskurantismus' 혹은 (베를린 궁정 안에 있는 반동적 정당에 빗대어) '전복적 반개화주의'로 지칭했다. 그 자신은 "기존의 것들에 대한 유지와 사상, 연설, 출판의 자유를 하나로 묶는 보존적 자유주의"에 찬성했다.[16]

한스 폰 가게른Hans von Gagern은 1820년 자신의 정치 행태[17]를 "적절하고, 적법하며 무엇보다 보존적"이라고 표현하였지만, 물론 그와 동시대의 다른 많은 사람들과 마찬가지로 그걸 밖으로 드러내지는 않았다. 그렇다고 자신을 자유주의적이라고 생각하지도 않았다. 정치—사회적 발전의 가야 할 길이 변화와 고수 사이의 중간 길이며, 전진 속에 연속성이 유지되어야만 한다는 확신, 스스로를 좀 더 자유주의적으로 혹은 보수주의적으로 이해하는지 구별없이, 19세기 독일 식자층들에게는 널리 퍼져있는 생각이었다. 이러한 사고는 개념을 형성함에서 조정하고 막아주는 역할을 지속적으로 하기도 하였지만, 일정 정도 개념이 명료하지 않았고 그 결과 개념에 대한 거부로 이어지기도 했다.

이는 자유주의적 정치 입장보다는 보수적 정치 입장에 더 해당되었다. 1830년까지는 제안된 그 어떤 명칭도 실질적으로 받아들여지지 않았다. 꼭 받아들여야만 할 필요성도, 준비도 되어 있지 않았다. 그것은 통용되는 그 어떤 개념도, 세부로 들어가면 정말 구분이 어려운 전통주의적·복고적·보수적 이념들의 모든 범위를 포괄할 수 없었기 때문이었다. 하지만 프랑스에서 7월혁명이 일어나면서 독일의 정치 환경도 변한다. 혁명에서 승리하지 않았어도 과거로의 회귀는 불가능하며, 지키려는 힘과 변화를 추구하려는 힘, 이 양자 사이의 결단이 요구되고 있음을 인식해야만 했다. 어느 한쪽만을 편드는 일이 일방적이라는 비난을 쉽게 받을 수 있다는 것을 생각해야 했지만, 이러한 선택은 불가피해 보였으며, 명칭을 부여함으로써 정의를 내리고, 같은 편임을 드러내며, 호소하는 행위를 동반할 수 밖에 없었다. 이런 상황 속에서 '보수적konservativ'이라는 표현은 — 독일인에게는 외래어로 — 자신의 정치적 대표성을 획득한다.

단어의 역사

오래된 법률–행정적 언어 용법과의 엄격한 구분을 제외한다면, 일반적으로 프랑스혁명이

'conservateur'('conservatrice')라는 표현을 정치적 개념으로 사용하게 된 첫 계기였음을 확

인할 수 있다. 그것도 처음엔 반혁명적 입장의 표현으로서가 아니라, 혁명의 성과물들을

보호하는 정책에 대한 표현으로 사용되었다.

CHAPTER IV

Zur Wortgeschichte
IV. 단어의 역사

●●● 　　　라틴어 'conservare(간직하다, 유지시키다, 구조하다)'
의 단어사적 연원뿐 아니라 그 의미사적 연원은 분명하며, 사람들
은 이미 예전부터 알고 있었다. 라틴어에서도 이미 이 단어는 가치
에 중점을 둔 의미 영역에 속해 있었다. 'conservator(수호자)'라는 단
어는 행위에 근거를 둔 명사로, '수호자custos', 혹은 '보호자servator'
라는 단어와 동의어였다. 아우구스티누스 황제 시대에
'conservator'는 원로원과 로마 시민이 증정한 동전인 "자신의 아버
지이자 수호자를 위해Paren(ti) Conser(vatori) suo"에 각인된 황제의
별칭으로 쓰였고, 황제에 대한 이러한 별칭은 AD 3세기에 들어서
면서 더 자주 쓰였다.[18] 기독교 세계에서 산발적으로 'conservator'
는 구원자 예수Heiland라는 의미를 갖는 'salvator(구원자)'라는 표현
과 나란히 쓰였다. 프랑스 고어에서는 'conserver'가 이미 842년 "서
약을 지키다"라는 의미로 쓰인다.[19] 더 중요한 예로는 라틴어

'conservator'가 프랑스 남부에서 법률 용어로 쓰였는데(고대 프로방스 지방의 'conservador'라는 표현), 그곳에서부터 로마법이 프랑스어로 바뀌어 확산되었던 것이다.[20] 신을 "만물의 창조자이며…… 보호자"[21]로 표현한 것을 빼면 'conservateur'라는 단어는 14세기 이래 무엇보다 법과 재산을 보호하는 직위에 붙여졌다. "군주는 본래 백성의 재산과 자유의 보호자conservateur다."[22]

이런 오래된 법률―행정적 언어 용법과의 엄격한 구분을 제외한다면, 일반적으로 프랑스혁명이 'conservateur'('conservatrice')라는 표현을 정치적 개념으로 사용하게 된 첫 계기였음을 확인할 수 있다. 그것도 처음엔 반혁명적 입장의 표현으로서가 아니라, 혁명의 성과물들을 보호하는 정책에 대한 표현으로 사용되었다. 이미 1789년 사람들은 "법lois의 자유에 대한 보호법constitution conservatrice"에 대해 말하기 시작했다.[23] 1794년 예고된 《보호자 또는 프랑스 공화국의 역사 잡지Conservateur ou Journal historique de la Republique francaise》는 "자유의 참된 원칙들"을 보장할 것을 예고했다.[24] 또한 테르미도르Thermidor VI년 18일에 관한 소식을 전하며 "수호와 보존의 통치"[25]와 같은 표현이 보이는데, 이는 나폴레옹의 유명한 1799년 브뤼메르Brumaire 19일의 성명 ― "보존과 수호, 그리고 자유주의적 사상은 국민공회les Conseils를 압박했던 반란분자들의 해산에서처럼 그들의 권리 안에 포함되었다."[26] ― 을 사전에 예견해 보여준 것이었다.

나폴레옹의 이 같은 용례 표현에 큰 영향을 미쳤고, 1799년 말 보수파 상원Senat Conservateur의 수립(프리메르Frimaire월 8년 22일 헌법의 II장 제목)으로 공식화된 이런 표현의 배경에는 마담 드 스탈De Staels*의 글 〈혁명을 종식시킬 수 있는 현재의 상황들〉이 지대한 영향을 미친 것이 분명하다. 그녀는 자신의 글에서 대의제가 자유에 대한 무제한적 원칙들의 예고를 통해 커다란 불신에 직면하게 되었다는 확신을 드러낸다. "보존적 집단을 조직하는 것이 낫다.…… 세상이 공유하는 중요한 두 가지 이해관계가 있다. 획득의 필요성과 보존의 필요성…… 당신들은 주요 혁명 발기인들을 보수적 체제에 앉히면서 대부분 상반되는 특권들을 결합시켰다. 마치 편견 지지자들이 대혼란을 면하기 위해 언제나 신중을 기하는 것처럼, 당신들은 귀족정 형식의 보호 아래서 민주주의 원칙을 설정하였고, 편견 지지자들에 반대하면서 그들의 요새를 이용한다."27 이러한 용례는 혁명 자체의 결과에 대한 표현을 끌어와 사용한 것으로, 이를 통해 반혁명을 막는 것뿐 아니라, 다음에 올 급진혁명을 지켜내고자 한 것이다. 이후 점차 '보존적conservateur'이라는 개념은 혁명의 전제가 되었고, 또한 혁명을 종결시켰던 나폴레옹 체제의 자기 이해를 드러내는 개념으로 되었다. 부르봉 왕조의 재건이 이루어지고 비로소 정당 체제가 성립되는데, 이는 1789년부터 1814년 사

---

*[옮긴이] 마담 드 스탈 : 1766~1817. 프랑스의 작가, 평론가. 루이 16세 치하에서 재무대신을 지낸 부친의 영향으로 어릴 적부터 자유로운 사상에 심취하였으며, 프랑스혁명 이념에 적극 동조하였으나 점차 중도적 입장을 취하면서 진보와 보수 양측으로부터 따돌림을 받았다. 공포정치가 끝난 후 공화국으로부터 신임을 얻지만 니폴레옹과의 불화로 파리 밖으로 추방당했고, 독일을 여행하면서 《독일론》(1813)을 쓰며, 여러 문학 작품을 남겼다.

이에 일어난 변화를 인정하는 정도에 따라, 제헌헌장Charte constitutionelle*을 변화의 종식으로 판단할 것인가, 아니면 헌법상의 지속적 발전의 기반으로 받아들일 것인가에 따라 그 판단은 달라진다. 이러한 상황을 배경으로 'conservateur'라는 개념은 프로그램을 갖춘 정치적 노선의 이름과 정당의 이름으로 쓰이면서 프랑스 밖에서도 받아들여지게 된다. 샤토브리앙Chateaubriand**의 주간지 《보수주의자Le Conservateur(1818~1820)》는 이러한 과정의 초기에 간행된 잡지인데, 왕당파의 기관지로 정치적 보수주의를 표방하였으며, 자유주의적 성향인 《프랑스의 미네르바Minerve francaise》에 대한 대항물로 설립되었다.

비록 자유주의에 대한 대항물로써, 겉으로는 단지 민주주의로 가는 중간 단계를 표방하였지만, 주간지 《보수주의자》가 설정한 목표는 입헌체제 이전의 시대로 돌아가는 것은 아니었다. "우리는 헌장la Charte을 원한다. 우리는 대의군주제의 공공연한 채택 속에 왕당파의 힘이 있다고 있다고 생각한다.…… 《보수주의자》는 종교, 왕,

---

*[옮긴이] 제헌헌장 : 루이 18세가 1814년 즉위하면서 공포한 프랑스 헌법. 비록 그는 여기에서 1789년 혁명을 부정하고, 자신의 체제와 구체제 간의 연속성을 강조하였지만, 구체적인 헌법의 내용에 있어서는 지난 20년간의 혁명을 통한 변화를 인정하고 반영하였다. 특히 소유권과 관련하여 프랑스 혁명 이후의 변화를 용인하였고, 행정 체계도 혁명과의 연속성을 유지하도록 하였다.

**[옮긴이] 샤토브리앙 : François-René, Vicomte de Chateaubriand. 1768~1848, 프랑스의 정치가 겸 작가, 프랑스에 낭만주의 문학을 기초한 작가로 평가되며, 나폴레옹의 몰락 이후 부르봉 왕가의 부활을 위해 진력하였고, 그 공으로 상원의원에 임명되었다. 이후 외교관으로 활동하였으며, 소설과 에세이뿐 아니라 정치 잡지, 회고록과 역사서 등을 남겼다.

자유, 헌법 그리고 정직한 사람들을 지지할 것이다."²⁸ 이런 의미에서의 보수주의(단어가 만들어지기 이전의 보수주의), 즉 왕정체제를 강조하는 입헌주의라는 의미에서의 국민주권과 자유를 반대하고 권위를 옹호하는 것만으로는, 보날Bonald* 같은 이데올로기적으로 철두철미한 보수주의자인 사람에게도 너무 허약하다고 평가되었다. 하지만 그럼에도 점차 — 독일에서도 마찬가지로 — "사실상의 wahrer" 보수주의를 대표하게 된다.

샤토브리앙은 1839년 회고에서 다음과 같이 자신의 단명했던 잡지의 영향력을 대단히 높게 평가하였는데, 즉 그 잡지가 '혁명적' 영향력을 가져, 프랑스에서는 의회에서 과반을 점하게 만들었고, 외국에서는 내각의 정신을 바꿔놓았다는 것이다. "토리당원들은 보존자들Conservateurs이라는 영어에는 존재하지 않는 이름을 취했다."²⁹ 이를 통해 드러나는 것은, 스스로를 'conservateur'로 칭하는 것이 어떠어떠한 주의-ismus라는 단어를 추상적으로 변형시킨 말이라는 것을 의식하지 못한 채, 여전히 자신을 표현하는 개성적 변형 personalistische Variante을 선호했다는 것이다. 몇 년 후인 1842년 《프랑스 아카데미 사전》의 '부록'에서 'conservateur'라는 단어는 정당의 개념으로 등재되는데, 이는 "어떤 사항에 대한 옛 질서 지지자를 지칭하기 위해" 프랑스가 영국으로부터 넘겨받은 것이다.³⁰ 영국

---

*[옮긴이] 보날 : Louis Gabriel Abroise de Bonald. 1754~1840. 메스트로와 함께 교황파와 전통주의를 대표하는 프랑스 보수주의 정치사상가. 신이 자연법을 제정하고, 이를 집행히는 교회가 사회질서의 유지자라고 설명하였다.

자체에서는 1830년 처음으로 존 윌슨 크로커John Wilson Croker가 의식적이면서 "보다 적절한 표현으로서" 토리당을 '보수당'으로 표현하면서, "우리가 믿는 바, 이 나라 인구 중 절대 다수이며, 가장 부유하고, 가장 지적이며 인정받을 만한 부분을 갖고 있는 사람들로 구성되어 있으며, 이들의 지원 없이는 그 어떤 정부도…… 그 특성이나 안정성에서 부족함을 드러내게 될 당"이라고 했다.[31] 이는 분명히 프랑스로부터 영향을 받아 사용된 단어 용법이다. 1827년 웰링턴Wellington은 '대귀족정great aristocracy'과 '보수당parti conservateur'의 임무가 "절제와 지속, 단호함, 선한 성정" 등을 통해 왕권의 훼손을 보호하는 것이라고 기술했다.[32] 1830년 이후 선거권 개혁을 두고 벌어진 충돌을 통해 "보수적 원칙들"은 정치적 윤곽을 획득하게 된다. 이들은 "전복적 원칙들"의 대항 개념이 되었다. 비록 'conservative'가 아직은 '법과 질서의 유지'라는 의미의 표현으로 일반화되어 사용되지는 않았지만, 점차 이러한 의미를 드러내기 시작하는데 ─ 독일에서도 또한 ─ '보수주의'의 전체 스펙트럼에서 중간 정도에 위치하는 개념에서는 오늘날까지도 여전히 이런 의미가 특징적으로 존재하고 있다. 프랑스에서처럼 영국에서도 보수주의 개념 속에는 늘 대립 개념Gegenbegriff을 포함하였다. 1831년 《에딘버러 매거진Edinburgh Magazine》은 '휘그Whigs'와 '토리Tories' 개념은 거의 잊혔거나, "아니면 좀 더 근대적인 단어들 속에 녹아들었다"고 분명하게 서술하고 있다. "오늘날의 세대에게 '보수주의자들'과 '급진주의자들' 사이에는 대단히 큰 간격과 보다 명확한 특징들이 존재한다"[33]는 것이다. 또한 로버트 필Robert Peel은 1833년 "보수당으로 불리는 당의 주된 목표는…… 급진주의에 대한 저항과 앞으로 장차 시도될 민주적 영향력의 지속적 침식을 막아내는 일이 될 것이다"[34]라고 명시했다. 실제로 영국의 보수주의는 이따금씩 극단적 토리주의와 분명한 차이를 드러내 보였으며,[35] 19세기에는 자신들의 개혁 의지를 증명해 보였다.

1830년 이후 독일에서는 'konservativ'라는 새로운 단어를 처음에는 영국의 당명으로, 나중에는 ─ 사람들의 그렇게 믿었듯이 ─ 이에 해당하는 정치적 노선으로 받아들였다. 이미 정치적 문제에 관심있는 독자들은 분명 샤토브리앙의 《보수주의자》[36]를 알고 있었으며, 지식인들은 'conservieren'과 'conservation'이라는 외국어를 '유지하다erhalten', '보존Bewahrung' 등의 의미로 받아들였으나, 직접적인 정치적 관련성없이 자연스럽게 통용되었다. 사전에는 18세기 중반부터 실리기 시작하였으며 동일한 의미로 번역되었다.[37] 나폴레옹 시대의 보수파 상원Conservateur Senat을 1814년 《프로이센군 야전신문》에서는 "유지─상원Erhaltungs-Senat"으로 지칭하였다![38]

1830년 이후 독일에서도 'konservativ'는 정치적 의미로 사용되기 시작하지만, 그 이후로도 여전히 상당 기간 동안 모든 사람들이 분명하게 이해할 수 있는 개념은 분명 아니었다. 1833년 《브로크하우스 백과사전Brockhaus Enzyklopadie》은 '운동당Partei der Bewegung'의 반대자들을 "새롭게 등장한 보수파neuerdings Conservative"로 불렀다고 증언하고 있다.[39] 곧 극단주의자들이나 반동주의자들과 구분하여

"온건하고", "진실된", "진짜" 보수주의자라는, 차이가 분명하면서 옹호적 의미로 정의내리려는 시도가 이어진다. 잘못된 이해에 대한 방어는 자신들의 현재적 입장을 명확히 하는 시도에서부터 시작되지만, 이런 시도는 정작 반대자들보다도 자신들 진영 내에서 거의 동의를 얻지 못하였다. 물론 보수주의자들 자신은 종종 이에 반대하였지만, 그럼에도 '보수주의자'라는 단어가 한동안 혁명과 자유주의, 사회주의, 민주화, 근대화 등에 대한 정치적 적대자를 일컫는 일반적 지칭으로 통용되었다는 것은, 이 단어가 인위적으로 새로 만들어진 정치적 조어로 주목을 끌었음을 의미했다. 특히 그것은 보수주의자라는 단어가 정치적 방향을 드러내는 표제어 Kennwort나 상징어Signalwort로 적절했기 때문이었다. 물론 과거에도 이런 정치적 노선을 드러내는 단어들이 있기는 하였지만, 목표의 분명함도 없었고 설득력 있는 자신만의 이름을 지니지도 못하여 사람들의 주목을 끌지 못했다. 이러한 정치적 방향성을 이 단어에 덧씌우는 것은 — 보수주의자들 자신보다도 그 반대자들에게 더욱더 — 정치적 각축의 좋은 기회였으며, 이런 어휘들을 필요로 했던 욕구에 따른 결과였다. 이처럼 'konservativ'는 처음에는 무엇보다 보수주의의 적대자와 비판자들에 의해 사용된 외래어였다. 즉, 꼭 필요한 개혁을 중단시키고 신분제적 사고와 자산가의 이해를 방어하고자 하는 사고에 몰두해, 어떤 희생을 치르더라도 "기존의 것들"을 유지하고자 진력하는 정치적 입장의 특징을 대표하는 표현이었다.

1833년 《브로크하우스 백과사전》에서는 '보수주의자'를 다음과 같이 서술하고 있다. "현재의 상황에서 유리함을 취하고, 자신의 재산을 방어하고자 하며, 재산 자체가 이미 법이라는 이유로 자신에게 유리하게끔 합법성에 대한 어떠한 검토도 거부하는 사람," 나아가 "무조건적인 안정"을 옹호하면서 "정당성의 방패" 뒤에 자신을 숨기는 사람.[40] 같은 해의 또 다른 정의 내리기 시도에서는 이미 두 개의 서로 상충하는 정당의 존재를 그 출발점으로 삼는다.

한 정당은 기존의 정치 질서에 대해 빠르고 포괄적인 변화를 요구하는 반면, 또 다른 정당은 "느리고 감지하기 힘든 변화, 전 지상의 자연에서 어쩔 수 없이 발생하는 일회적인 변화를 제외하면 다른 모든 외부로부터의 변화의 계기"를 거부한다. 이 후자는 "근대 영국에서 토리당의 등장 이후 Conservative라는 적절한 이름을 획득하였으며, 유지와 보존을 정치가와 국가의 가장 가치있는 과제로서 설정하였다."[41] 같은 해인 1835년 프란츠 폰 바더Franz von Baader는 "보수 본연의 원칙이란 간직한 역사의 줄(전통)을 끊는 일을 결코 허락하지 않으면서,…… 과거를 오직 지속적 상호 조율을 통해 미래와 균형을 맞추는 일에 있다"고 보았다.[42] 'Conservative'라는 '최신'의 명칭에 대한 설명의 필요성[43] — 이는 여전히 상당 정도 존재하는 바! — 은 무엇보다 보수주의가 원래 갖고 있는 천성, 즉 구체적 이해관계의 다층성, 계획에 따른 원칙의 구성이나 목표 설정에 대한 혐오, 자신들의 행태와 의지를 자연적 질서의 기본구조나 역사적 발전의 결과 등과 동일시하고자 하는 경향 등에 기인한 것이다. 거기에다 영국의 훨씬 발달된 정치 시스템 내에 있던 한 정당의 이름에서 나온 이 개념을 독일이 완전히 다른 정치–사회적 관계들 속에서 받아들이면서 한 15년 동안 독일에서는 개념상의 불분명함을 가져오게 된 것인데, 커다란 이해관계의 상충과 덜 발달된 정치적 합의 능력이 양당제 체제를 허용하지 않음으로써 오해를 만들어낼 수밖에 없었다. '보수주의적–자유주의적'이라는 개념 대립성은, 그것이 정치 원칙상의 요구뿐 아니라 이데올로기적 요구에도 부응하고자 하는 한, 서로가 너무도 양보할 수 없는 관계임을 드러낸다. 이 양 개념은 그 정의를 분명히 하고자 하는 노력과 논리적 근거 제시를 통해 대단히 상이한 의미를 갖게 되었고, 개념적 경직성도 완화되었다. 하지만 다른 한편, 너무도 원칙적이고 일반적인 해석을 통해 실제 사용에 있어서는 공허한 의미가 되어버렸다는 비난에 늘 직면하게 된다. 하지만 '보수주의Konservatismus('Konservativismus'도 마찬가지로)'라는 명사는 하나의 정치적 입장, 노선, 이데올로기 혹은 정당을 가리키는 이름으로 추후 완전한 개념적 독자성과 인정을 받게 될 것이기는 하지만, 1840년 즈음에야 비로서 이따금씩 나타나기 시작하였고, 처음에는 그런 개념으로 제대로 받아들여지지 못하였는데, 특히 보수주의자 자신들 사이에서 정작 더 그러하였다.

1830년 이후의 상황

7월혁명은 사람들로 하여금 지난 18세기 프랑스혁명과 나폴레옹 시대에 출현했던 민주적

경향들, 그리고 그 뒤에 존재했던 사회적 동력을 극복하고 넘어서지 못했다는 것, 정치적

발전이 충분한 발전의 길로 연결될 수 없었다는 것들에 대해 자각하게 만들었다.

CHAPTER V

Die Situation nach 1830
Ⅴ. 1830년 이후의 상황

●●● 　　프랑스의 1830년 7월혁명은 그것이 가져온 제도적 변화의 규모보다 훨씬 더 광범위하게 유럽의 정치적 환경을 변화시켰다. 7월혁명은 사람들로 하여금 지난 18세기 프랑스혁명과 나폴레옹 시대에 출현했던 민주적 경향들, 그리고 그 뒤에 존재했던 사회적 동력을 극복하고 넘어서지 못했다는 것, 정치적 발전이 충분한 발전의 길로 연결될 수 없었다는 것들에 대해 자각하게 만들었다. 사회적·정치적 현실이 더 이상 멈출 수 없는 변화에 사로잡히게 되었다는 것을 자각하게 되면서, 사람들은 꼭 필요한, 혹은 바라왔거나 허락되는 변화나 보존의 한도에 대해 의문을 갖게 되었다. 정치적 성격을 띤 공적 영역Öffentlichkeit의 점진적 확장은 사람들로 하여금 어느 한편을 선택하도록 요구하게 된다. 즉, 자신의 사회적·국가적 질서에 대한 입장, 이들 중 이미 행해졌거나 저지된 것들, 그리고 어떻게 이들이 진행되어야 할 것인가의 문제 ─ 나아

가 다른 이들의 동의를 받아내고 연대의식을 심으며, 반대자들을 확인하여 이들과 싸우고자 하는 의도가 놓여 있었다. 이를 위해서는 특징화시킬 수 있는 개념, 정치적 명칭이 꼭 필요하였다.

그럼에도 '보수적'이라는 표현은, 마치 보수세력들이 더 결정적인 어떤 단어를 기다리기나 했던 것처럼, 사람들 사이에서 관철되지 못하였다. 프리드리히 뷜라우Friedrich Bülau는 1831년 자신의 "당파성과 당파적 정신"에 관한 논문에서 이 둘을 모두 해악으로 생각하였고, 오직 왕당파와 자유주의자만을 인정했다.[44] 1833년 그는 농민들을 가리켜 "국가의 중요한 보수적 요소"[45]라고 칭하였고, 1846년에는 "본래적 의미에서의 보수 정당은…… 독일에서는 아직 경험이 부족하여 존재하지 않거나, 아니면 적어도 체계없이 무기력하다"[46]고 지적하였다.

1832년 무렵 '자유주의'는 사람들에게 익히 알려진(사람을 오도하는 일련의 이론으로 구성된) 개념이었으며, 이 시기 라도비츠Josef Maria von Radowitz는 이에 대한 어떤 대립 개념도 인정하지 않았다.[47] 〈정치적 당파들〉이라는 제목의 논문에서 그는 두 개념 간의 상충을 "진실과 거짓이라는 양대 방향"으로 단순화시켰는데, 즉 "절대주의 국가"의 "오도된 학설Irrlehre"에 바탕한 복고적 보수주의 원칙에 대항해 "사적 권리들에 기반한 게르만–기독교 국가"를 내세웠다.[48] 이 논문은 1848혁명 이전 프로이센 보수주의자들의 지도적 기구 역할을 한 《베를린 정치 주간지Berliner Politischen Wochenblatt》에 게재되었다.

이 잡지의 편집장인 칼 에른스트 야르케Carl Ernst Jarcke*는 드 메스트르de Maistre**가 내세웠던 "우리는 반혁명contrerevolution을 원하는 것이 아니라 혁명과의 대립을 원한다"를 모토로 삼아, "그 어떤 형태의 혁명과도 맞서 싸우면서 그릇된 자유주의 이론을 반박하는 것"을 잡지의 목표로 제시하였다.[49] 이 잡지의 발간 첫 호에서는 샤토브리앙이 편집장으로 있는 《보수주의자》에 대해 "그 어떤 민족, 그 어떤 당파도 하나의 정기 간행물에서 그처럼 감동으로 가득 찬 전체를 제공하지는 못하였다고"[50] 표현하면서, 영국 '보수당Conservativepartei'에 대한 여러 소식을 전하고 있다. 덧붙이자면 이 보수당Conservativepartei이라는 명칭은 이들의 적대자들이 "소위 토리당의 열렬한 지지자들"을 지칭해 붙인 이름이다.[51] 그것은 영국의 토리당과 휘그당 사이의 오랜 반목을 "보수주의자와 분열주의자라는 오직 단 한 가지 결정적 차이"로 표현해 보고자 하는 희망을 드러낸 것인데, 이러한 현상은 곧 보수당이 현재를 지배하는 것으로 평가되고 있다는 의미였다."[52] 그럼에도 여전히 보수파들은 아

---

*[옮긴이] 칼 에른스트 야르케 : 1801~1852. 독일의 법률가 겸 언론인. 법학을 공부한 이후 본대학에서 잠시 교수 생활을 하면서 가톨릭으로 전환. 이후 그의 주장에는 종교적 심성이 기반하게 되지만, 프랑스의 7월혁명이 일어나자 모든 종류의 혁명적 운동을 곧 혁명의 위험과 동일시하면서 프로이센 보수당의 견해를 대표하는 글들을 발표했다. 이후 빈으로 이주해 메테르니히 밑에서 정치적 고문관 역할을 하였고, 1848년 혁명에 따른 메테르니히의 실각 후 그의 정치적 영향력도 함께 몰락했다.

**[옮긴이] 드 메스트르 : Joseph Marie de Maistre, 1753~1821. 계몽주의와 프랑스혁명 이념에 맞서 구체제와 반계몽주의를 수호하고자 하였던 프랑스의 정치가 겸 문필가.

직 자신들만의 입장을 분명히 요구하지 못하고 있었다. 확실히 이 개념은 많은 부분에서 혁명이나 자유주의에 대한 단호한 반대 세력이 아직은 너무 약했던 영국적 상황과 관련된 것으로 보인다. 1838년, 요셉 괴레스Joseph Görres*는 "영국의 휘그와 토리 분리"를 독일에도 적용시키는 것을 거부하였는데, 그것은 무엇보다도 토리가 독일에서는 적합하지 않기 때문이라는 이유에서였다. 그 자신은 여전히 한편에는 소위 '운동당Bewegungspartei'과 그 극단파, 즉 '기동적 혁명당mobilrevolutionären Partei'을, 다른 한편에는 '안정파'와 그 극단파, 즉 '절대적 안정당stabilabsoluten Partei'을 배치하는 식으로 구분하였다.[53]

이와 유사한 개념 사용은 보수적이지 않은 쪽에서도 1830년 이후 일단은 받아들였다. 《브로크하우스 백과사전》은 1832년 다음과 같이 명확하게 표현한다. "우리 시대의 정당으로는 '운동당Partei der Bewegung'과 '반동당Partei der Reaction'을 꼽을 수 있지만, '반동당'이라는 표현은 적절하지 못하다. 왜냐하면 '반동'이란 정확히 얘기하자면 단지 유지하고, 다시 이득을 취하며, 그대로 묶어두고자 하는 의미로서, 이미 저항은 일어났고 부분적으로는 패하였으며, 그래서

---

* [옮긴이] 요셉 괴레스 : 1776~1848. 독일의 교육자 겸 언론인, 문필가. 프랑스혁명과 그의 민주주의적 이상의 열렬한 지지자였으나 나폴레옹의 독일 점령에 크게 실망한 후, 혁명적 이상주의로부터 멀어졌다. 대학교수와 언론인으로 활동하면서 독일의 통일, 국민들의 자결권, 민주주의의 실현을 추구하였으나 기독교적 근본주의, 전통의 존중 등 보수적 견해를 대표하는 글들을 발표했다..

결국은 단지 현상 유지만을 의도하고 있기 때문이다."⁵⁴ 1833년 《브로크하우스 백과사전》은 운동당에 대한 반대자들을 '보수주의자'와 그 나머지 사람들로 구분하였는데, "이들 나머지 사람이란 비록 개혁의 불가피성을 인정하기는 하지만,…… 단지 명확한 중립만을 추구하는 사람들로서, 즉 이들은 혁명의 과도하고 폭력적 처방들에 반대할 뿐만 아니라, 이와 함께 전망과 힘의 부족을 근거로 제시하면서 이미 결정된 변화까지도 반대하는 이들이었다."⁵⁵

로텍Rotteck과 벨커Welcker에 의해 1834년에 나온 《국가학 사전 *Staatslexikon*》 첫 권의 서문에서는 "자유주의와 예속주의라는 두 정치적 주요 방향"에 대해 설명하고 있다. 예속주의는 "귀족정적이고 예속적인 안정이론을 대표하고 있으며, 이미 완전히 몰락한 카스트제도와 같은 특별한 봉건적 신분체제로의 귀환을 요구하고 있고, 자유로운 인간들의 자유로운 조직들을 의지가 박탈된 자연 유기체 Naturorganismus"로 바꾸고자 한다.⁵⁶ 이 책의 다른 곳에서는 '운동당 Bewegungs-Partei'과 '저항당Widerstands-Partei' 혹은 '현상유지당 Stillstands-Partei'으로 구분한다. 이 표현들은 프랑스에서 7월혁명 직후 등장하였는데('운동당parti du mouvement', '저항당parti de la résistance') 이후 독일에서도 바로 응용되어 그 뉘앙스는 다르지만, 근본적으로는 사실상 동일한 "두 커다란 상호 대립, 즉 전진의 원칙과 답보 혹은 퇴보의 원칙"에 대한 표상이 되었다. 영국에서는 이들을 "개혁주의자들과 보수주의자들Reformers und Conservativen"의 당명으로 사용하였으며, 어떤 곳에서는 "헌정주의자와 절대주의자,…… 자유주의자와 반자유주의자 혹은 안정주의자,…… 줄리어스 시저의 추종자들과 정통주의자,…… 자연권과 역사적 권리의 추종자" 등으로 구분하였다. "저항파"에 속하는 이들로는 완전히 극단적인 반동파와 너무 엄격한 보수주의자들 외에도, 사적이거나 신분제적 이해관계를 지속시키고자 하는 사람들, 자연적이고 역사적인 권리나 이성적이고 실증법적 권리 사이의 실재적 관련성을 인식하지 못하고 두려움으로 인해 안정만을 요구하는 사람들, 나아가 특권층을 옹호하면서 모든 "이상적 이해관계"에 대해 받아들일 준비가 되어 있지 못한 사람들, 그리고 마지막으로 개혁할 준비가 되어 있기는 하지만, "오직 조심스러운 방식과 주어진 역사적 기반 위에서의 지속으로 제한시킨 운동만"을 받아들이고자 하는, 그런 사람들을 이에 포함시킬 수 있다.[57]

여기에서 인용한 책의 저자인 로텍은 몇 년 후 자신의 논리를 더욱 첨예화시킨다. 그는 자신의 글에서 스스로를 '급진주의자'로 고백하는데, "즉 완전히 이성에 기반한 법 지배를 과제로 상정하는 체제로의 도달을 목표로 설정하였으며", 이에 대한 대립항으로 "보수주의, 즉 선과 악의 구분도 없이, 모든 기존의 것들을 전적으로 유지하고자 함을 목표"로 삼는 체제를 설정하였다. 즉 그는 "여러 파당들 간의 대립"을 '급진주의'와 '보수주의'의 개념으로 표현하는 것이 '혁명'과 '반동'으로 표현하는 것보다 더 적절하다고 보았다. 로텍은 동시에 '파괴적destruktiv 시스템'이라는 표현을 거부하는데, 왜냐하면 이 개념은 단지 자유주의자에 대한 모함으로만 사용되기

때문이라는 이유에서였다.[58]

이제 처음으로 정치적 개념으로서 그 완전한 의미를 갖추게 된 '보수주의'가 《국가학 사전》에는 등재되지 못하였다. 또한 개념의 부정적 강조점이 일반적으로 통용된 것도 아니다. 1838년 벨커는, 모든 "진짜 자유주의자는, 정부의 권한에 대한 방어 그 자체를 비난하고자 하는 보수적 노선과는 확연히 거리를 두고 있다.…… 유지와 확고한 지킴, 정부의 권한에 대한 보수적이고 역사적이며 안정적 지향 없이는, 또 정부의 군건하고 확실하며 존중받는 권한 없이는 자유로운 국가 생활이 유지되기 어렵다"고 쓴다. 벨커는 그러한 보수주의를 겐츠Gentz*에서 확인한다. 만일 그와 버크라면, "오늘날의 독일 보수주의자들"이 갖는 "예속적이며, 모든 진실된 국가헌법을 해체시키는 원칙들"에 대해 결코 동의하지 않을 것이다.[59] 하지만 여기서 언급하는 '신중한' 보수주의가 보여주었던 '진실된' 자유주의와의 친연성을 벨커가 물론 자신의 시대에는 발견하지 못했지만, 이후 독일에서는 중요한 논의 주제로 남게 된다.

청년독일Jungdeutschen**이 보는 시대인식에 따르면 "진보"의 반대편에 있는 "보수주의자들"이란 — 부자, 특히 은퇴자들 — 오직

---

*[옮긴이] 겐츠 : 1803년 에드먼드 버크의 《프랑스혁명의 성찰》(1790)을 독일어로 번역하여 독일 보수주의의 바이블로 만들었다.

**[옮긴이] 청년독일 : 프랑스 7월혁명의 영향을 받아 하인리히 하이네Heinrich Heine 등 정치적 복고에 반대히는 지유주의직 사고를 가졌던 일련의 젊은 작가들이 중심이 되어 새로운 정치, 문화운동을 추진했던 집단.

"퇴행"만을 의미할 뿐이었다.[60] 쾰른 교회 논쟁*에서 "보수적"이란 개념을, 예를 들면 칼 구츠코프Karl Gutzkow의 경우 가톨릭의 입장에 따라 공격적으로 사용하였음에 비해,[61] 《할레 연보Hallischen Jahrbüchern》에서는 그보다는 '반동Reaction'이란 표현을 사용하였다.[62] 1843년 게오르그 헤르벡Georg Herwegh은 프로이센에서 서로 대치하고 있는 두 당파를 '자유주의'와 '비자유주의'[63]로 표현하였고, 여기에서 그는 비자유주의를 이성적인 것의 대립 개념으로 사용했다.

이처럼 전체를 싸잡은 비판과 단순화가 아마도 다음 30년 동안 좀 더 조심스럽고 균형잡힌 개념 정의를 내리게끔 만들었을 것이다. 1831년 칼 하인리히 헤르메스Karl Heinrich Hermes는 유럽 국가들에 있는 상호 대립하는 두 '당파'에 대해 언급하면서, '운동파' 대 '저항파', 또는 '자유주의자' 대 '교황 절대주의자'나 '왕당파'로 지칭하였다. 1832년 그는 독일에는 영국이나 프랑스에 있는 것과 같은 그런 당은 없다고 생각하였으며, 1835년에 이르러서야 자유주의자와 보수주의자에 대해 언급하였다.[64] 2년 후 그는 다시 〈자유주의자와 보수주의자〉라는 글에서 보수주의를 "완곡한 보수주의"와 "엄격한 혹은 본연의 보수주의"로 나눈다. 전자가 낡아빠진 노선들

---

*[옮긴이] 쾰른 교회 논쟁 : 1848 혁명 이전 쾰른 가톨릭 교회와 프로이센 정부 사이에 일어났던 종교적 충돌로, 프로이센은 베를린을 중심으로 하는 개신교적 국가 교회 체제를 유지하고자 했음에 반해, 독일 서부의 라인란트, 베스트팔렌 지역에서는 이성적이고 개혁적 가톨릭 신앙을 설파함으로써 빚어졌으며, 이후 가톨릭 교회가 정치적 세력이 되는 중요한 계기가 된다.

을 가벼운 개선을 통해 새롭게 단장하는 일에 반대하지 않음에 비해, 후자는 그 어떤 변화도 거부한다.[65]

같은 해 왕실 감독원인 에두아르트 폰 비터스하임Eduard von Wietersheim은 작센주 상원에서, "만일 보수주의적 정신이 더 이상 지속할 수 없는 것은 슬기롭게 포기하고 오직 유지할 수 있는 것만을 확고하게 붙잡는다면, 그것이야말로 우리 시대가 절실히 필요로 하는 것"이라고 주장하였다. 즉, 역사가 증명하듯이 자유주의는 우리를 "파괴"로 이끌 것이며, 보수주의는 "지난 시대 많은 선하고 축복받은 것들"을 살려내고, "사물의 새로운 질서"와 선의로써 연결시키게 될 거라는 것이다.[66]

같은 해, 바덴Baden 주 하원에서 일어난 에피소드는 우리에게 '보수적'이라는 개념에 대한 정의가 얼마나 미흡한지를 보여준다. 가톨릭 의원인 부스Buss는 비록 자신이 이미 잘 알려져 있다시피, "보수 정당에 속하고, 이미 여러 번 행정권 강화를 주장해왔다"면서도 정부의 입법안을 거부하였다.

이와 반대로 벨커는 '비보수주의자Nichtconservativer'로 정부 입법안에 찬성하는데, 그는 자신이 보수주의자로 불리는 것에 부스보다 더 나은 근거를 댈 수 있다고 주장하였다. 벨커처럼 찬성표를 던진 로텍은 코멘트를 덧붙임으로써 해명을 시도한다. 즉 '보수주의자'는 보수주의자이기 때문에 일반적으로 정부 안에 찬동한다면, 이에 반대하는 사람은 '파괴주의자'인데, 이들은 천성적으로 서로 상충할 수 밖에 없다는 것이다. 그 스스로는 결코 단지 지키기만 하거나 파괴하려고 하지 않았으며, 스스로 생각하기에 "선하고 바른 것"을 유지하고자 하였고, 이에 반해 "법과 규정을 방해하는 것", 그가 보기에 "옳지 않고 부정하게" 보이는 것들을 폐지하고자 하였다. 하지만 그가 보기에 현실에서는 보수주의와 정 반대되는 "유사 보수주의"도 있으며, 현 시대는 파괴할 가치가 있는 것들을 사람들 스스로 없애는 일을 더 이상 기대할 수 없는 그런 시대라는 것이다. "오늘날 보수주의자로서 우리의 역할은 한정되어 있다. 왜냐하면 우리는 우리에게 그나마 남아 있는 권한과 자유들 중 최소한의 것들이라도 건지기 위해 매일매일 싸워야 하며, 아직 헌법상의 권리와 법적인 권한들 중에 남아 있는 것들을 모두 허물어뜨리지 않도록 힘을 집중해야 하기 때문이다. 부스는 '파괴적이고 분열적인 정당'과 '보수적이고 지속시키고자 하는 정당'으로 구분하는 것을 받아들이는데, 전자는 '전통적으로 내려오는 민족 정치의 기반을 무너뜨리고 인민의 선한 의지를 흔들고자 하는 당'이며, 후자는 '과거부터 전해 내려오는 자신들의 정치 활동의 기반이며 독일 민족이 갖는 정치적 특성인 순수성Reinheit의 보존을 위해 노력하는 당'이라는 것이다."[67]

정치 영역에서 '보수적'이라는 것이 무엇인지를 밝히고자 하는 이 시도를 통해 우리는 이 연설자들 자신이 그 개념이 불분명하다는 것을 의식하고 있으며, 그럼에도 다른 모든 정치 정당에서와 마찬가지로, 보수주의라는 이름에 걸맞게 요구되는 보편적 행동지침이나 지켜야 할 입장 등과 연결시키고자 얼마나 노력했는지 알 수 있다. 또한 이들이 그처럼 (보수적이라고) 이름 붙이는 작업이 얼마나 많이 시대 상황이나 정치적 흐름에 종속되어 있는지를 알 수 있다. 물론 모든 듣는 사람들도 당연히 이러한 정의 내림이 특정한 정치적 입장들에 대한 정당화와 관련된 사항임을 분명하게 인식하고 있었을 것임은 분명하다. 자유주의자들과 마찬가지로 보수주의자들도 자신들의 정치적 목표가 겉으로 분명히 드러나는 것처럼 일방적이지는 않음을 강조하면서도, 실제로는 너무도 거칠게 표현된 개념상의 양극화를 믿도록 만들었다.

정치적 실용주의자인 다비트 한제만David Hansemann도 또한 자신의 〈프로이센의 상황과 정치에 대한 일고〉라는 1840년의 글에서, 자유주의 사상에 호감을 갖으면서도 "입헌주의적, 대의제적 헌법"에는 반대하는 관료와, 18세기 계몽주의적 철학사상, 특히 "민주주의적 원칙"에 반대하는 '당'을 구분하였다. "특히 이들 당은 특권과 재산을 소유할 뿐 아니라, 이를 지속적으로 지켜나가고자 하며, 이미 한 세기 전에 소멸한 그 모든 관계망과 이념의 막강한 힘을 다시 부활시키고자 시도한다." 그렇지만 한제만은 이런 당 자체를 '보수적'이라 지칭한 것이 아니라, 민주주의라는 위험을 막아내고자 하는 정책을 '보수적'이라고 칭하였다. 오로지 "관료라는 요소"만으로 지탱되는 정부는 "재산을 어느 정도 갖고 있는 중하층 계급의 자유를 지켜줄 능력이 없다." 그래서 이들 "유용하면서도 보수적인 정책들은 적법하고 적절한 정치적 영향력을 획득하고자 하였으며, 이를 통해 심층에 존재하는 가장 위험한 민주주의적 요소들을 막아주는 보루가 되었다."[68] 즉, '보수주의'란 중하층 계급에게는 더 큰 정치적 자유를 주면서 혁명과 민주주의를 막아내는 개혁정책이다.

　프로이센에서는 1840년의 왕위 교체가* 전혀 자유주의적 변화의 방향으로 가지 않았다. 계몽적이기는 하지만 대단히 수동적인 관료주의가 비교적 근대적이며 개량의 준비를 갖춘 행정을 진행시켜 나간 반면, 왕은 낭만적-가부장적 지배 스타일로 국가를 끌고 나갔으며, 그 주변은 신분제적 국가관을 갖고 있는 사람들과 신의 은총에 의해 지배되는 개인적이고 가부장적 왕국에 대한 사고로 무장된 그런 사람들에 둘러싸여 있었다. 한편에서는 급진적 색깔이 분명히 드러나는 자유주의적 비판이 과거보다 더욱 분명하게 등장하였고, 다른 한편에서는 자신들 스스로에 대한 이해나 스스로를 언급함에 있어서 복고적이지도 변화에 적대적이지도 않았지만, 혁명에 대항해 싸우는 일로 자신들을 소진시키려 하지도 않는, 보다 의식적인 정치적 보수주의가 형성된다. 이들은 자신들이 과거부터 내려온 것들과 재산, 권력 등에 고집스럽게 집착한다는 악평에 대해 적극적으로 방어하였고, 다른 한편 문화의 종교적·사회적 기반이 활기 있게 유지되는, 지속적이며 "유기적인" 발전에 동의하였다. 보수주의자들은 급진적 비판자들의 도전을 받았지만, 자유주의 내부의 온건파와 급진파간의 분화, 신앙과 교회 조직상의 변화의

*[옮긴이] 프로이센에서는 프리드리히 빌헬름Friedrich Wilhelm 4세(1840~1861)가 프리드리히 빌헬름Friedrich Wilhelm 3세(1797~1840)로부터 왕위를 이어받는다.

단초들, 그리고 학문과 학자들에 있어서 역사적–유기적historisch–organologisch 학파의 성과 등을 통해 강화되었다.

　최종적으로 보수주의는 군주정 체제 정부의 지원을 받으면서 점차 방어적 자세로부터 벗어나, 자신들의 입장이 시대의 변화에 대한 반대가 아니라, 근본적 변화로의 전환을 지속적으로 추구해 나가고자 하는 그런 시대적 경향에 대한 반대임을 분명히 드러내고자 하였다. 민주주의자들의 말뿐인 급진주의는 보수주의자들에게 "파괴주의자들"에 대항하면서 변화 속에서 보존을 정당화시키는 논거를 제공하였다. 이로써 보수주의는 진지하게 받아들여야 할 정치적 이데올로기가 되었다. 보수주의자들이 과거의 상태를 재건하거나 혹은 기존의 관계들을 단지 붙잡아두는 정도에 그치지 않고, 변화를 방해하고, 변화시키고자 하는 사람들과 싸우며, 현재의 문제를 문제로서 인식하고 그에 대한 해결책을 제시하고자 하면 할수록, 더욱더 그들 스스로는 정치이념적으로 적극적으로 되어간다. 이들은 보수적이고 사회적이며 정치적인 사고를 구성하는 근본 요소들을 프로그램의 목표로 삼았다. 즉, 인간의 선천적 불평등에 대한 신념, 지역과 지방, 신분, 제도 등이 갖고 있는 특별함을 유지할 권리와 이들의 가치에 대한 확신, 역사적 권한들에 대한 보존, 개인 지배의 용인, 이론보다는 실천에 대한 선호, 개개인의 도덕적 자율권에 대한 거부 등, 합리적 원칙들에 따른 사회의 모든 일반적 범주와 구조가 그들 프로그램의 대상이었다. 이들을 현재의 변화된 조건 아래에서 시대에 부응하는 프로그램으로 이해시키며, 정치적으로 실현시키는 것, 이것이 바로 보수적 입장을 분명하게 드러내고 자 하는 노력의 목표였다.

물론 그들이 '보수적'이라는 언어적 형식을 해명함에 스스로를 소진시킨 것은 아니다. 점점 더 이러한 표현들이 특정한 정치적 입장에 대한 상징어나 정의 내리는 표식이 되면 될수록, 어휘적 설명과 사실 관계에 대한 설명은 내적으로 더욱 깊은 관련을 맺게 된다.

코젤렉의
개념사 사전 9
해방
Eman
zipa
tion

'보수당'

1841년 마부르크Marburg에서 발간된 《독일에서의 보수주의 정당의 기본 요소와 가능성, 혹은 필요성에 관하여》라는 간행물은 독일의 첫 보수주의 정당 프로그램으로 꼽힌다. 이를 저술한 작가 겸 역사가인 빅토르 에메 후버Viktor Aimé Huber는 우파로 이해되는 보수적 정책의 기반을 버크처럼 자연과 역사에서 찾는다.

CHAPTER VI

'Konservative Partei'

VI. '보수당'

● ● ●　　　　1841년 마부르크Marburg에서 발간된 《독일에서
의 보수주의 정당의 기본 요소와 가능성, 혹은 필요성에 관하여》라
는 간행물은 독일의 첫 보수주의 정당 프로그램으로 꼽힌다. 이를
저술한 작가 겸 역사가인 빅토르 에메 후버Viktor Aimé Huber*는 우
파로 이해되는 보수적 정책의 기반을 버크처럼 자연과 역사에서 찾
는다. 그에 따르면, "보존Konservation의 고상하고 본래적인 의미는
사실상 경직이나 정체와는 정반대 뜻으로, 최고의 목표와 권리, 의
무 등을 지원하고 이끌어낼 수 있는 모든 것을 발전시키고 지속적
으로 형성시켜 나가도록 시간과 장소, 민족, 사물 등을 통해 돕고

---

*[옮긴이] 빅토르 에메 후버 : 1800~1869. 독일의 사회개혁가 사상가·문필가. 젊은 시절 유
럽의 여러 나라를 여행한 후 여행기를 남겼다. 대학에서 의학을 공부하였으나 졸업 이후 언
론인, 정치평론가로 활동하였다. 가톨릭에서 개신교로 종교를 바꾼 후, 신앙심에 바탕한 군
주정과 보수주의를 옹호하는 글들을 썼고, 율리우스 슈탈, 게를라흐 등과 개신교 모임에서
함께 활동하기도 하였다.

동원함"을 의미한다. '보수적인 것'이란 "기독교적 교육을 기반으로 갖는 것이며, 그중에서도 특히 정신적이고 감성적이며 윤리적 삶의 긍정적 기반을 의식적으로 받아들이는 것"을 의미한다.

"진정한 보수주의적 입장"의 정치적 요구 사항으로 후버는 "민족적 삶nationalen Leben 속에 있는 모든 건강한 세력과 대립들의 자유로운 발전"을 들었으며, "그 발전의 완벽한 조직에 해당하는 것이 …… 군주제적 국가체제이다." 나아가 그는 "…… 군주의 보호 아래…… 역사적으로 발전한 '실증법 체제의 절대적 신성성'과, 최종적으로는 '기독교회와 왕권국가'가 '개인과 민족이 필요로 하는 지상과 천상에서의 구원에 필요한' 모든 요소들을 제공한다는 것에 대한 확신"을 요구하였다. 역사적 발전을 인정함이 곧 발전의 개별적 요소를 유지할 권리를 무조건적으로 허용하는 것을 의미하는 것은 아니다. 하지만 그는 역사의 전 과정을, 원칙적으로 연속성을 갖는다는 의미에서 "진정으로 보수적인 것"으로 이해하며, 또한 이 역사의 전 과정을 "주어진 법칙과 목표들에 따라 정해진 사회적 근간이 활발하게 발전하는 것"으로 이해한다. 이러한 방식으로 후버는 "민족 귀속성Nationalität과 민족적 자기도취nationaler Selbstsucht의…… 권리"를 인정할 수 있었으며, 나아가 프로이센을 외부로부터 정치 이념을 받아들이기를 거부한 유일한 진짜 기독교-군주국 체제로 인정할 수 있었다.[69] 실제로 그는 ― 말하자면 벨커식의 논리로 돌아와 ― (1842년의 〈덧붙이는 말〉에서) 자신의 많은 목표들 가운데 "자유주의"는 시대의 요구로부터 생겨난 것이며, 그래서 이를 만족시킬 수 있었지만, "기독교-군주국"이라면 더 잘 할 수 있을 것이라고 말한다. "법, 밝음, 자유, 학문, 예술, 교육, 산업, 보편적으로뿐만 아니라 모든 주어진 국가와의 관계 속에서 만들어지는 민족적, 개인적 행복 …… 이 모든 좋은 것들이…… 보수당이 내건 진짜 본연의 가치들이다."

그들은 파괴적 정당에 의해 탈취되었고, 그래서 차이를 드러낼 수 있는 보수적 구호로 작용하고 있지 못하다. 이에 따라 프로이센 보수당에는 오직 "헌법제정 반대"라는 부정적 구호만이 남게 되었다.[70]

이를 통해 후버는 무엇이 보존되어야만 하는가의 문제에 있어, 자신의 불분명함을 비난한 ― 그 밖에도 후버가 "보수 정당"을 "거의 개신교도들의 성스러운 십자군"처럼 만들고자 한다고 혐의를 제기했던 ― 《독일 가톨릭 역사-정치 소식지 *Historisch-politischen Blätter für das katholische Deutschland*》의 비판에 대해 답한 셈이다. 이 잡지 스스로는 "현재 놓여 있고 이미 주어진 상태를 유지하는 것"을 거부하면서, "운동의 올바른 지휘"를 요구하였고, 이를 통해 "원래의 고유한 의미에서든 아니면 보다 특별한 의미에서든 보수적"이라는 것을 스스로 추구하였다. 그는 물론 "이 단어가 다른 모든 오늘날의 당명처럼 무한히 다양한 해석의 가능성을 갖고 있음"도 지적하였다.[71] 또한 《일반 문학-신문 *Allgemeine Literatur-Zeitung*》에서도 "보수주의적 입장에 대한 보다 구체적인 규정"을 하지 못하는 후버의 불분명성을 지적하면서, "명료하게 정리된 보수주의 정당"

의 등장은 필연적으로 각양각색의 자유주의자들을 하나의 깃발 아래 결집시키도록 만들 것임을 경고하였다.[72]

후버는 자신의 생각을 좀 더 발전시키면서 자신의 잡지인 《야누스. 독일의 정신, 교육, 실천 연보*Janus. Jahrbücher, deutscher Gesinnung, Bildung und That*》의 1845년 제1권 서문에서 무엇이 "보존"되어야 하며, 무엇이 시대에 맞는 보수주의적 정책인가에 대해 좀 더 구체적으로 정의내리고 있다. 여기서 그는 "흔히 말하는 당파성"에 대한 비판을 받아들인다. 그는 또한 "보수적이라는 표현이, 많은 다른 외국어들과 함께 우리의 정치 언어 속에서 시민권을 갖기 시작하는 것"에는 만족하지만, 이것이 갖는 의미에 대한 해석을 적대자들에게 맡겨버리고자 하지 않았다. "단어의 원래 의미 속에 들어있을 수 있는 부정적 선입견", 즉 단지 보존Bewahrung이라는 의미를 그는 인정하고자 하지 않았고, "유지Erhaltung"의 의미를 "오직 지속적 발전, 어떠한 방식으로든 발견된 삶의 정당한 요소들을 더 높게 발전시키는 일, 또 이를 향하여 스스로 만들어낸 법칙들" 등으로 이해하고자 하였다. "기독교와 교회, 기독교 교육이라는 기반" 위에 서 있는 것들과 "역사적 발전의 모든 결과물들" 중 여전히 건강하고 강한 생활력을 갖고 있는 모든 것들이 '정당하다고' 보았다. 무엇이 "정당한" 것인가에 대한 결정은 보수주의자들 스스로가 유보해두고 있었는데, 그것은 "발전시켜야 할 것들의 유지"가 "발전" 그 자체보다 더 중요했기 때문이다.[73]

보수주의는 이러한 "발전"을 기존 제도들의 지속적인 강화와 개조로 이해하고, 합리적으로 구성된 일반적 목표나 혁명을 통한 변혁의 대립 개념으로 인정함으로써, 운동을 적대시한다는 비난이나 경직된 반동이나 전적인 기득권층 사고로부터도 벗어날 수 있었다. 보수주의는 이제 유지해야 할 것들의 범위와 꼭 필요하다고 인정된 변화의 방향과 속도를 두고 서로간에 각축하는 장으로 들어온 것이다. 이를 통해 보수주의자들은 자신들 스스로는 원하지 않았더라도 그것이 과거로부터 지속되어온 제도들이거나, 시대에 유행하는 형식이라도 옛 내용을 담고 있거나, 혹은 파괴적 경향에 대한 방어로 인정될 경우, 그리고 지금까지 유지되어오면서 도덕적이고 자유로우며 올바른 삶에 필수적인 것으로 자신들에게 보존된 경우, 변화와 새로운 제도들을 인정할 수 있게 되었다. 이로써 변화하는 세계에서 구체적인 정치 행위의 가능성이 주어졌다. 이런 것들이 단지 정부의 지원을 통해 현실화될 수는 없는 것이라는 점에 대해 후버는 잘 알고 있었다. '보수적'이라는 것과 '군주정적'이라는 것을 동일시해서는 안 된다! 후버는 보수주의가 신과 자연적 질서를 기반으로 한다는 것, 그리고 침묵하는 다수인 대중, 특히 독일에서는 "인민들의 삶 속에 있는…… 고결한 피가 우리가 말하는 의미에서 철두철미 보수적이라는 것"을 확신하고 있었다.[74]

이러한 시각을 후버는 1846년 "보수적 언론"에 대한 한 논문에서 강조하였다. 이 논문에서 그는 다시 한번 보수주의에 대한 개념 정의를 시도하면서 동시에 이를 통해 보수적 행위의 범위를 드러내고자 하였다. "만일 보수적이라는 것의 의미를, 단지 과거로부터 내려오는 것들에 대한 무의식적이고 부정적인 집착,…… 일종의 감정적 태도나 교육의 어떤 단계 정도로만 생각하면서 이에 대한 비판은 철저히 무시해버린다면, 그리고 영주나 교회·성직자·교리 등에 반대하는 사람들이 갖고 있는 종교적 신앙심까지도 포함시킨다면, 그리고 또한 대중의 상황과 교육 정도 등에 기인한, 결코 비난만 하기는 힘든 그들의 변화에 대한 무감각증과 우매함을 염두에 둔다면, 좁은 의미에서 거의 대부분의 대중은 여전히 보수적이다." 또한 "원래부터 도시에 살고 있는 중산층 중에는, 비록 의식하고 있지는 않다 하더라도 전체적으로 보수적인 사람들이" 많이 있다. 그뿐만 아니라, 대부분의 상층계급 사람들도, 물론 그들 스스로가 보수적이 되고자 진력한 것은 아니지만, '보수적'이라 할 수 있다. "즉 수천 수만의 개인들이 직분과 태생, 소유와 사회적 지위, 삶에 대한 향유, 습관, 직관, 교육, 사상, 가계 등 겉으로 드러나는 전체적 위상에서 어쩔 수 없이 보수적이며, 그 밖에 달리 어떤 것도 알거나 되고자 하지 않는다."

후버는 이들 속에서 보수당의 가능성과 보수적 언론의 독자들을 발견해냈다.[75] 하지만 이미 그다음 해에 벌써 그는 자신이 "오로지 부정적이고, 수동적이며, 욕심 많고 향락적이기만 한 보수주의와, 행동하고 창조적이며 투쟁적이고, 스스로를 희생하는 보수주의" 사이의 차이를 제대로 인식하지 못했음을 인정해야만 했다.[76] 보수 "정당"의 강령과 세계관·목표 등을 제시하면서 그는 언급해야 할 것들이 더욱 많아졌다. 즉 이제는 "자유가 아니라 필연성, 단순한 발전이 아니라 근간의…… 보존, 진보뿐 아니라 진보의 목표가 문제이다." 보수당은 법을 엄정히 지키며, 특히 "적법한 지배체제", 나아가 죄로부터의 구원과 생기있는 믿음을 지키고자 하였다. 이들은 "소위 인민들의 대표라는 사람들의 손으로 지배권이 넘어감"을 거부하였으며, 교육이 자유의 길로 인도하며, 이를 위해 군주제는 최고의 보호처를 제공한다고 생각했다.[77] 이러한 보수주의는 그 경향에서나, 실제적인 적용에서 군주제적 국가체제를 지지한다.

이에 관해 후버는 1848년 초 다시 한 번 분명하게 설명한다. "보수적인 것die konservative Sache이란 보수적 선언에 있는 것이 아니라 구체적인 역사적 삶과 그 정당한 결과에 따른 이념 속에 들어있는 보수적 의식과 그런 감정을 의미한다. 이제 보수적인 것은 구체적인 국가와 국민의 삶을 구성하는, 윤리적인 면에서나 형식적인 면에서 정당성을 갖는 현실의 사상"이 되었다. 또한 프로이센에서는 보수적인 것이 "그 복잡한 지역 행정체제 속에서도 왕가와 일반 민중 사이에서 유기적·정신적·윤리적 통일과 이에 기인한 정치적 통일"을 규정하는 역할을 하였다. 실제적으로 프로이센의 보수주의자들은 자유주의자들과 "지난 40년간의 성과들을 지키고 발전시켜 나가는 데" 서로 합의할 수 있었다. 그러나 "문제"는 보수주의자들에게서 국가의 왕과 교회의 예수는 "결코 추상적 개념이 아니라, 생생하고 구체적인 현실이어야 했으며", 그러는 한 양자 사이의 차이는 컸다. 아울러 보수주의자들은 진보라는 것도 "매 진전마다 그것이 건강한 현상 유지와 부합해야 한다는 전제가 있어야지만" 받아들였다.[78] 여기에서 보수적 정책은 변혁이 아니라, 기존의 것들을 느리지만 법률을 훼손하지 않으면서 훼방없이 변화시키는 "발전" 을 의미하였으며, 그런 한에서 보수적 정책은 변화에 대한 동의 Zustimmung의 차원으로 축소되었다.

그렇지만 후버의 보수 "정당"을 위한 인쇄 선전물이나 언론 매체, 혹은 칼 로젠크란츠Karl Rosenkranz가 '예속주의자Servilen'와 '보수주의자'를 정치적 당명으로 이름 붙인 것(1843) 등이[79] 아직은 개념의 확실한 일반적 통용을 증거하는 것은 아니다. 후버 스스로도 1846 년 이후, 물론 자주는 아니지만, '자유주의'라는 말을 '보수주의'의 대립 개념으로 사용하기 시작했다. 보수주의라는 표현이 보수 진영 내에서는 1840년경 처음 나타나기 시작했지만, 분명 별로 호응을 얻지는 못하였다. 개념적 정의에 관심을 갖던 라도비츠의 1839 년 글에는 다음과 같은 비관적 언급이 나온다. "'조세핀적 정신 Josephinische Geist'이 정부의 전 조직을 먹어 삼켰기 때문에,…… 오스트리아 보수주의 지배의 마지막 유물은 메테르니히Metternich의 죽음과 함께 사라질 것이다."[80] 후버가 처음 보수 정당에 대해 언급하자 프란츠 폰 바더는 1841년 그를 지나가는 말로 부정적 의미에서 "스스로를 소위 보수주의자라고 칭하는 사람"[81]이라고 언급한다. 다음 해 바더는 자신의 편지에서 '잘못된 보수주의'에 대해 비난하는데, '잘못된 자유주의'가 그랬듯이, 잘못된 보수주의가 가톨릭뿐 아니라 개신교에서도 종교와 관련된 것들의 지식을 타락시켰으며, 프랑스에서는 혁명 이후 비로소 자유주의가 분출되었다고 적고 있다.[82] 1843년 라도비츠는 주민 각자와 민족의 유기적 발전 속에 분명히 드러나는 '진짜 역사적인 것'과 대칭되는 개념으로 오직 기존의 것들만을 지키고자 하는 '죽은 보수주의'를 제시한다.[83] 그 후 라도비츠는 보수주의 개념에서 스스로 피하려고 했지만 이데올로기적 완고함의 인상을 불러일으켰던 추상성을 포기한다. 그런 의미에서 라도비츠는 1846년 자유주의적이라는 개념이 너무 남용되는 것이 아니라면, 자신의 정치관이 정치적 의미에서 '보수적'이 아니라 차라리 '자유주의적'으로 불리기를 바랐다. 왜냐하면 "보수주의라는 최근 명칭이 근본적으로 잘못 받아들여져, 마치 선의를 갖고 지키는 것은 의무이며, 더 나은 것을 위한 진보는 정당한 길로 언제나 칭송되고 있다"는 것이다. 하지만 그보다 더 중요한 것은 각각의 구체적인 경우들에서 얼마나 옳게 행위하느냐라는 것이다.[84]

후버가 요구하였던 의미에서의 보수주의 정당을 1847년 라도비츠는 아직 생각하고 있지 않았으며, 기껏해야 정치적 원칙 없는 집권 정당 정도를 염두에 두고 있었다. "진정 독립적이고 법적 자유가 보장되는 시스템 위에 보수주의 정당이 서있다면, 비록 행정에 있어 자유주의적 야당보다는 훨씬 더 첨예한 충돌이 있기는 하겠지만, 진짜 우수한 사람들이 정부를 대표하게 될 것이다." 보수주의 정당은 "대의제와 언론의 자유, 교회의 자유" 등을 거부하지 않을 것이며, 오히려 이들을 "큰 축복으로" 끌어갈 것이다.[85] 1848년 이후 라도비츠는 "현재 존재하는 그 어떤 오래된 당도" 보수당으로서 시대의 과업을 짊어질 만하지 못하다고 생각했다. 왜냐하면 "신분제적 군주국가"를 포함해 지금까지의 모든 국가 형식들이 이제 그 수명을 다했다고 보았기 때문이다. 이제 문제는 대중의 "군주제적-보수적" 의식을 기반으로 하는 "입헌왕정"을 수립하는 일에 있었다.[86] 그는 얼마 후 다시금 "입헌제적-보수적 군주제"는 그 지지자들을 상실하였으며, 이를 끌어갈 사람들도 절대주의 이전 시기에 혁명을 막아보려 했던 과거 "왕당파들"로 줄어들었다고 주장한다.[87]

또 다른 해석을 하는 측에서는 보수적 정책이 이성적이며, "실제 욕구들"을 충족시킨다는 주장에 무게를 둔다. 왜냐하면 광범위한 변화를 막음으로써 '급진주의'에게 공격의 목표를 제공하지도 않으며, 이들 요구에 따르지도 않기 때문이다(에른스트 폰 뷜로우-쿰머로우Ernst von Bülow-Cummerow 1842).[88] "고상한 의미에서의 옛 보수적 정책"을 새로운 제도들 속에 이입시키는 일은 헌법정책상 중요하다고 지적한다(프리드리히 뷜라우 1842).[89]

프리드리히 로머Friedrich Rohmer의 출판물들도 비록 독자들로부터 상당한 주목을 받기는 했지만 전체적으로는 별 영향력을 발휘하지는 못했다. 그는 정당들을 인간의 "유기적 발전"이라는 관점에서 다양한 연령으로 나누어 분류하였는데(1844), 그 속에서 '보수주의'를 중립적이고 중재적 역할을 하는 위치로 자리매김하고자 시도했다. 그는 "오래된 것, 필요한 것, 내적인 재생을 통해 시간과 화해함을 찾고자 하는 사람,"[90] 지역적이며 제도상의 특성들을 감안하면서, "모든 법으로서 전수되어 온 상황"을 존중하는, 그런 명철한 사람을 염두에 두고 있었다.[91] '보수주의'는 완전히 늙은 세대에 해당하는 '절대주의'와 함께, "고삐 풀린 진보, 분노의 정신, 대중의 지배" 등에 대항해 투쟁한다. 이 둘은 질서와 풍습, 법, 종교, "가부장적 지배", 신으로부터 하사받은 공권력과 상속권, 법치에 따른 상황 등을 지켜낸다. 다른 사람들과 달리 이들은 역사적이고 복고적으로 사고하며, "유기적 폭력의 건강하고 다른 것들에 의해 방해받지 않는 기능"을 갖기를 원한다.[92] 또한 다른 여러 실용주의적 시도들을 보여줌으로써 '보수주의'가 변화를 배제하지 않으며, 이제는 더 이상 진보와 유지라는 단순한 대칭 구도로 문제를 볼 것이 아니라는 변호적이면서도 스스로를 적극적으로 알리려는 의도를 드러냈다.

1844년에 있어 "시대정신에 부응한다는 것은 보수적 원칙이 진보에 반대하지 않음"을 의미하였다. 또한 입헌국가들이 보수적 원칙으로 되돌아왔고, 오스트리아마저도 결코 맹목적으로 보수주의에 매달리고자 하지 않았다. 인간은 결국 역사에 속박된 존재라면서, 현재의 모든 "이해관계와 욕구를 추상적 이념들"과 연결되지 않도록 하였다.[93] 1845년 프리드리히 리스트Friedrich List는 자신을 "기존의 민족, 국가, 정부를 바탕으로 개혁을 완만히 실현시키고자 진력하는 그런 보수주의자"로 칭하였다. 그에 따르면, "이러한 개혁없이는 발전된 문명을 바탕으로 굳건하고 단단한 내적 기반을 이루면서, 국가의 대외적 독립을 지속적으로 확보할 수 있는 그런 국가체Staatskörper를 이뤄낼 수 없다"는 것이다.[94] 또 다른 사람들은 "이성적 보수주의"를 몰이해와 무능력에 대한 저항으로 이해하여 정치적 개혁에 반시 필요한 존재로 생각했고,[95] 나아가 혁명을 막아낼 수 있기 때문에 개혁의 원칙만큼 보수적인 것도 없다고 주장하기까지 하였다.[96]

보수주의를 개혁적 사고로 포장하는 그런 시도를 정치적 반대 진영에서는 거부하거나 혹은 반격으로 대응했다는 것은 충분히 이해할 수 있는 일이다. 1842년 칼 나우베르크Karl Nauwerck는 "보수주의와 급진주의"라는 제목 아래 〈언어학에 관한 일고〉를 게재한다. 그는 "보수주의 시스템"을 "인민의 위험한 적"으로 간주하는데, 왜냐하면 그가 보기에 보수주의는 말도 안 되는 원칙들로 구성되어 있기 때문이다. 오히려 그가 보기에 국가를 단지 더 낫고 "더 정의롭게 만들기" 위해서라면, 그가 투쟁의 대상으로 삼았던 '파괴주의자들Dekonstruktive'이야말로 '참된 보수주의자'로 칭할 만하였다. "보존한다는 것" 자체가 애초에 불가능한 일로, 모든 "유기적인 것"들은 지속적으로 운동하며, 오직 자유를 통해서만 "보존될 수" 있기 때문이다. 비록 '보수주의자들'이 개혁주의자로 자신들을 치장하고 싶어한다 하더라도, 사실은 그들은 '반동주의자Reactionäre'로 불려야 한다는 것이다.[97] 얼마 후 같은 잡지에 "독일에서의 반동"에 관한 〈어떤 프랑스인의 단상〉이 실렸는데, 여기에서는 유럽의 "반동적 정당"에 관하여 언급하면서, "정치 분야 : 보수주의, 법학 분야 : 역사학파, 사변적 학문 분야 : 실증철학" 등을 각각 예로 들었다. 오늘날 도처에서 이들이 집권당을 구성하고 있다는 것이다.[98] 이와 반대로 벨커는, 특이하게도 '보수주의'라는 개념 자체를 사용하지는 않으면서, 진정한 자유주의자들이 추구하고자 하는 것을 '보수주의'에서 찾고자 하였다. 《국가학 사전》(1845) 2판 서문에서 그는 '보수주의자들'에게 그들 스스로보다는 '우리'가 ─ 즉, 온건파 자유주의자들이 ─ "보존하는 일에 더 적당함"을 인정할 것을 요구하였다. "모든 진짜 이해력 있는 자유주의자들은 명예로운 독일의 자유가 보존되어 온 기반과 결과"를 알고 있다. 만일 보수주의자들이 "무력과 강탈의 오래된 유산들"을 지키고자 하지만 않았다면, "혁명 없이, 단지 영주제와 부르주아적 평화만" 남겨지게 되었을 것이다. 그러나 "자유주의자들"은 이들 영주제와 부르주아적 평화를 "입헌 왕정을 통해 보존하고자 하였으며, 다만 품위있는 형식과 무엇보다 현실적 방식을 선택했다는 것뿐인데, 그런 면에서 이들은 내가 보기에 보수주자들보다 훨씬 더 보수적이다."[99]

이처럼 '보수적', '보수주의자', '보수주의' 등의 개념은 1848년 혁명의 전야까지도 분명한 윤곽을 갖지 못한 채 사용되었으며, 명확히 지칭할 수 있는 정치적 집단이나 방향이 고정되지 않았다. 조직된 정치 정당이 독일에서 아직 존재하지 않았고 ─ 극단적 성향의 소그룹을 제외한다면 ─ 지식인들 중에는 여전히 정당에 대해 깊은 혐오감을 갖고 있는 이들이 있다는 것이 이처럼 입장과 이름을 유동적으로 남아있게끔 만들었다. 그 밖에도 보수주의자들은 전반적으로 아무 유보없이 보수주의자를 '보수주의자'로 부르거나, 혹은 스스로 그렇게 불리기를 주저하였다. 무엇보다 그들은 '보수주의’라는 개념에 대해 유보적인 태도를 취하였다. 즉, 보수주의라는 개념은 이들에 대한 반대자들의 논박 속에 있었다. 이를 통해 보수주의자들은 한편에서는 자신들이 오로지 보존만 하고자 하는 측으로 몰아붙여지고 있다고 느꼈으며, 다른 한편에서는 당명과 연결시켜 만들어진 획일화된 정치 프로그램에 불신감을 느끼면서, 당이 의당 해야 할 정치적 행위에 대한 의무를 피해갔다. 전통적 지배계급이 지녀온 사고방식과 행동방식에 따르면, 이들에게 있어 사회질서와 정치권력이란 존재의 영역이지 의지나 의무의 영역이 아니었고, 따라서 당 정치를 통한 각축의 대상도 아니었다.

하지만 이러한 입장은 많은 온건 자유주의자들로부터 멀리 떨어진 것은 아니었다. 기본적으로 이미 1840년대 동안 온건 보수주의자들과 온건 자유주의자들 사이의 상호 접근을 관찰할 수 있는데, 이는 이미 개념적 정의를 내리고자 하는 과정에서 드러났던 바이다. 이들은 자신들이 불가피한 변화를 거부하는 것이 아니며, 단지 전복이나 역사적이고 법적인 기반을 벗어나 한 방향에만 집착하여 지속적으로 추구하는 것을 거부하는 것임을 분명히 하였다. 이들은 자신들이 건강한 것들의 유지와 이미 역사화된 것들의 지속적 발전을 위해 힘쓰고 있음을 강조하였다. 하지만 일부 세력이 급진화 경향을 보이는 가운데, 중심부, 즉 “우”와 “좌”를 거느린 “중앙”에 위치한 집단들 사이에서 균열을 드러낸다. 이러한 전개를 바라보면서 프리드리히 빌라우는 1847년 “중앙으로부터 우와 좌가 갖는” 차이를 무시하지 않으면서 ‘자유주의적 보수주의’와 ‘보수주의적 자유주의'라는 개념을 옹호하였다. 자유주의적 보수주의자들이 모든 기존의 것들을 무조건 유지하고자 하려는 것은 아니며, 반대로 보수주의적 자유주의자들도 모든 기존의 것들을 무조건적으로 변화시키고자 하는 것이 아닌, 오직 필요한 것의 개혁과 지속성있는 발전만을 주장한다는 것이다. "진짜 보수주의자는 기존 질서들이 갖는 기본입장을 의식하면서, 자신의 이성적 근거에 따른 확신에 동의한 사람을 의미하며, 이런 사고로부터의 전환은 아예 상상하지 못하거나, 아니면 엄청난 불행의 형태로만 받아들이는 사람", 혹은 그런 가능성을 막연한 미래의 일로 미루고 외면하는 사람이다. 이들에게서 개혁이란 자유주의자들에서처럼 원칙과 이상에 대한 실천의 문제가 아니라, 단지 도구일 뿐이다. "사려깊은 보수주의자들"은 기존의 것들에 대한 인정에서 출발하면서도, 그것이 불가능할 경우에는 변화를 용인하지만, 그렇더라도 원칙을 변화시키고자 하는 것이 아니라 기껏해야 형식만 바꿔 가능한 기존의 것들과 유사하게 지속시킴으로써 전체적 조화를 유지하고자 한다는 것이다.

이러한 사고방식은 영국인들에게 특징적으로 나타났다. 그곳의 보수주의자들은 민족 고유의 것들Volkstümliche에 예민해서, 이들 중 합리적 시각에서는 정당화시키기 어려운 것들이나, 단지 이해하고 넘어가 주는 그런 것들 가운데서도 많은 것들을 지키고자 한다고 지적했다. 만일 자유주의자들이 개개인의 주관적 권리들을 존중한다면, 사려깊은 보수주의자들은 비록 불완전한 국가에 대해서

라도 이에 대한 의무도 존중한다. 이들은 현실성을 시야에서 놓치지 않으며, 실증법이 아니라 자연법에 모든 무게를 두며, 제도들이 추상적 이념에 따라 개혁되지 않고 자체적으로 발전할 수 있도록 한다. 보수주의자들은 정치적 각축의 과정에서 종종 권력을 휘두르며, 공동의 행동을 위한 합의에 이르지 못한다. 반면에 자유주의자들은 나중에는 비록 분열한다 하더라도 투쟁 중에는 협동하며, 목표를 성취한 이후에는 종종 보수화 된다는 것이다.[100]

같은 해인 1847년 베를린 통합 지방의회Vereinigter Landtag에서 정치적 입장에 대해 이름을 붙이는 것에 대한 필요성이 강조되었다. 정부 관료인 한 작가는, 통계상의 이해를 위해서는 절대적으로 중요한 "전단과 신문의 '표제어' 중의 하나가 '보수적'"이란 표현임을 강조해 지적한다. 그는 만일 '조잡한 보수주의자들'과 '조잡한 자유주의자들' 간의 싸움에서 단지 쭉정이만 남게 된다면 이 보수적이라는 개념어는 그것의 시사적 의미를 잃게 될 것이라고 쓰고 있다. 진짜 논쟁은 중앙에 위치한 '기독교적—역사적 원칙'을 사이에 두고 "좌측에 있는 원칙없는 자유주의"와 "우측에 있는 보수주의" 사이에서 벌어질 거라는 것이다.[101]

1848/49년 혁명

이미 통합 지방의회가 구성되어 있던 프로이센에서는 1848년 혁명을 통해 정치 의식과 여

론, 정치 집단의 형성 등에서 결정적인 발전을 이룬다. 곧 전개되는 반동도 이를 변화시키

지는 못했다.

CHAPTER VII

Die Revolution 1848/49

VII. 1848/49년 혁명

●●● 이미 통합 지방의회가 구성되어 있던 프로이센에서는 1848년 혁명을 통해 정치 의식과 여론, 정치 집단의 형성 등에서 결정적인 발전을 이룬다. 곧 전개되는 반동도 이를 변화시키지는 못했다. 비록 어떤 새로운 당명이나 방향성을 드러내는 명칭들이 생겨난 것은 아니지만, 이를 만들어낼 개념상의 도구들은 이미 놓여있었다. 하지만 어느 한 "정당"이나 또 다른 "정당"에 대한 충성심과 소속이 바뀌는 일은 드물지 않았다. 정치 집단이 자신들의 입장을 표명하는 일 또한 마찬가지여서, 1849년 민족자유주의 입장의 《그렌츠보텐Grenzboten》지는 다음과 같이 지적하였다. "당명들이 흔들리고 있으며, 이들 이름과 결부되어 있는 표상들 또한 대단히 빨리 변화하고 있다."[102] 부퍼탈Wuppertal에서 전하는 소식에 따르면, 파리에서의 2월혁명을 '자유의 발전사'라는 맥락에서 엄청난 진전으로 이해하는 사람은 단지 소수에 불과했고, 사람들은

불안해하면서 "어제 자유주의적이었던 것이 오늘 보수주의적이 되며, 과거의 보수주의자들이 기꺼이 과거의 자유사상가들과 서로 연대한다"는 것이다.[103] 프로이센 장관들은 이미 1848년 초, 물론 '보수 권력'이 "대중의 건강한 도덕 의식과 부르주아 질서 유지를 옹호하는 쪽에" 있기는 하지만, "현재의 상황 속에서 누구도 보수적 사고를 전달할 신문 발간 사업에 뛰어들 수는 없을 것"이라는 점에 의견 일치를 보았다.[104]

또한 에른스트 루드비히 폰 게를라흐Ernst Ludwig von Gerlach*는 1848년 6월, '유기적 반동organische Reaktion'을 요구하면서, 이미 지난 4월, "왕관과 헌법, 보수주의, 혁명의 법적 기반들"을 겁에 질려 모두 날려버린 이들과 함께라면 왕권을 다시 확립할 수는 없음을 씁쓸히 확인해야만 했다.[105] 부르주아 계급의 정치적 세계관으로서의 보수주의에 대한 민주 세력의 비판은 더욱 날카로워진다.[106] 《공산당 선언》에서는 부르주아에 반대하며 자신들의 존립을 놓고 싸우는 중간층의 행태를 "보수적", 나아가 "반동적"으로까지 표현하였는데, 그것은 그들이 진실로 혁명적이지 못하였고 "역사의 수레바퀴를 되돌리고자" 시도했기 때문이었다.[107]

개념들과 표제어들을 두고 벌어지는 싸움의 한편에서는 새로운

---

*[옮긴이] 에른스트 루드비히 폰 게를라흐 : 1795~1877. 율리우스 슈탈과 함께 대표적인 프로이센의 보수 언론인이다. 대학에서 법학을 공부하였고, 다양한 언론매체에 관여하면서 가톨릭 신앙에 바탕한 보수주의 이데올로기를 전파하였으며, 프로이센 보수당의 원내 대표로 활동하면서 입헌적 체제를 막고 귀족정의 복원을 위해 진력하였다.

혹은 더욱 날카로워진 충돌을 보여주는 개념쌍Begriffspaare들이 만들어진 반면, 다른 한편에서는 이들 간의 상호 접근과 시대에 걸맞는 개념 정의가 만들어진다. 혁명의 결과 일반적으로 "좌"로 기울어지면서 혁명가들, 혹은 급진주의자들과 혁명을 원치 않았던 사람들, 즉 보수주의자들 간의 원칙적 대립을 보다 분명히 하고자 하는 시도들이 나타난다. 한편에서 이 상호 대립을 보다 명확히 드러내고자 했다면,[108] 다른 한편에서는 3월혁명의 민주적 결과에 따라 "이제 수많은 보수주의적 요소들의 변화, 즉 자유주의적 요소들이 실현되었고…… 상당한 안정성을 제공할 만큼 양쪽이 이제는 동일해짐으로서" 어쩔 수 없이 자유주의자들이 보수화되었다고 주장한다.[109] 《그렌츠보텐》지는 1849년 자신들을 대표하는 당을 '보수 인사'들의 결집체로, 또한 독일 제국헌법에 대한 승인 과정을 "법적 절차에 따라 진행시키는 대중정당Volkspartei"으로 표현하였다. 이들은 자신들이 혁명을 종료시키고 "법과 법적인 진보의 실마리들"을 굳건히 유지해 나가면서, 다른 당들과 화해를 이루고자 한다고 하였다. "우리는 지난해 대중정당에 대한 부당한 개입에 저항하면서 스스로를 민주주의자로 생각하게 되었으며, 우리가 정부에 반대하여 야당으로 활동하는 곳에서 현재의 우리를 스스로 보수주의로 부를 권리가 있다."[110]

프로이센 보수 세력이 무엇에 기반하고 있는가라는 질문에 대한 《그렌츠보텐》지의 응답에 따르면, — 이후 계속 반복되는 논리로 — 주민의 대다수가 여전히 농촌에 살고 있기 때문에 "정서와 이해관계에서…… 보수적"이라고 주장한다. 그 밖의 다른 근거들로는 프로이센 국가를 창건한 호엔촐레른Hohenzollern 가문과의 유착성, 충성심을 심는 '보수적 제도' 등을 들고 있다. 이제는 프로이센의 '자유주의'와 '보수 세력'이 서로를 강화시킬 수 있도록 하나의 단단한 중앙 기구로 묶을 필요가 있다는 것이다.[111] 《그렌츠보텐》지는, 1849년 7월에 새롭게 선출된 프로이센 하원을 포괄적으로 "보수주의 정당의 외연"으로 표현하였다. 그리고 구체적으로는 이따금씩 정부에 반기를 들고자 하는 소수 그룹과 이보다 더 강하면서 '근대적 자유주의'를 철저히 거부하는 '자유주의자'를 '군주제적 정통주의자Legitimisten'로 칭할 수 있다고 주장한다. "정 중앙에 보수주의 정당의 진짜 중용정책Juste Milieu*이 있다"는 것이다.[112]

1849년 《독일 계간지Deutsche Vierteljahrsschrift》는, "개혁이라는 원칙 이상으로 보수적인 것"은 없으며, "옛 것에 대한 맹목적 집착보다 더 전복"을 지원하는 것도 없다고 주장함으로써,[113] 혁명에 대한 유일한 대안은 개혁에 있다는 계몽주의 작가들의 신념을 다시 한 번 반복한다. 파울교회**에서 중앙당 우파에 속했던 막스 둥커

*[옮긴이] 중용정책 : 정 중앙, 혹은 중용, 중도적 정책의 유지 등의 뜻으로, 몰리에르의 희곡에서, 병적인 성격 이상자의 대항자로서 이성적 인간을 나타내는 뜻으로 처음 사용되었다. 프랑스의 정치가 프랑수아 기조François Guizot는 1830년 7월혁명 이후 파괴된 법 질서를 회복하면서 부르주아 계급을 중심으로 회복된 자유와 질서를 유지하는 자신의 보수적 정책을 Politique du juste milieu으로 명명했다.
**[옮긴이] 파울교회 : 프랑크푸르트 도심에 1789년 세워진 개신교회. 1848년 베를린에서의 3월혁명을 계기로 1849년까지 전 독일의 인민 대표들이 선출되어 이 교회에서 국민회의를 개최했던 독일 1848혁명의 상징.

Max Duncker는 민주주의의 승리에 대한 두려움에서, "진정으로 보수적인 정치가 절실한데, 이는 권력을 대중에는 가능한 한 적게 주고…… 정부에는 가능한 한 확대시키는" 그런 정책으로는 불가능하다고 주장한다. "나아가 보수적이라는 의미는 역사의 일반적 과정을 의식과 분명함, 결연함 등을 갖고 따르는 일이다. 보수적이라는 의미는 대중과 함께 국가라는 틀을 지속적으로 지지하기 위해 대중의 건강한 힘을 끌어모으는 것을 의미한다. 그리하여 마침내 보수적이라는 것의 의미는 견고한 법적 질서를 건설함으로써 임의적 전횡에 어떤 여지도 주지 않으며, 이를 통해 대중에게 법과 법치에 대한 개념을 심어주는 것이다."[114] 그는 여기에서 사회적 혼란, 정치적 혁명, 범법 행위 등을 피하고, 집권 세력을 포함한 모든 통찰력 있는 사람들의 동의를 끌어내는 발전이라는 의미에서, 자유주의적 법치국가 사상을 '보수적'이라고 표현하고 있다.

보수적이라는 단어가 그렇게 사용된다면 정부도 그 단어에 안심할 수 있을 것이다. 더 중요한 것은 온건 자유주의자들이 급진적이고 혁명을 더욱 불러일으키는 상황에서 모든 현실 유지 세력들을 중앙으로 한데 모으는 것이 불가피하다는 그런 신념을 스스로 갖게 되었다는 것이다. '반동'이나 '복고'와는 확연하게 거리를 두면서, 신분제적이거나 가부장적 지도 이념에서도 벗어난 개념으로 표현된 '보수주의 정치'야말로 바로 그들이 원했던 그것이었다!

구 보수주의자들로서는 1848년 봄의 사건*은 커다란 충격이었으

---

* [옮긴이] 봄의 사건 : 1848년 3월부터 독일과 전 유럽에서 일어난 혁명을 의미.

며, 이에 대해 그들은 각기 다른 반응을 보였다. 후버는 새로운 국가질서를 현재의 적법한 상태로 인정하였다. 비록 조국이 위기의 순간은 극복했다 하더라도, 어쩌면 과거보다는 순화되었을 자유주의에 대항하는 "과거부터 진행되어 온 싸움", 즉 자신의 발전 능력을 먼저 증명해보여야만 하는 일은 계속되야 했다. 그는 또한 예지력 있게도, 자유주의가 약속했던 자유 속에서 보수주의적인 것들이 과거보다 더 잘 구현될 수 있을 것이라고 생각했다[115] 베트만 홀벡 August von Bethmann Hollweg은 "건강한 보수주의"를 지지하였으며, 영구혁명 정당의 비방에 맞서 "정당한 소유권 주장"을 옹호했다. 또한 그는 "부르주아적······ 관계들의 자연스러우면서도 꼭 필요한 변화"를 제시했고, "고사되어 가는 삶의 형식을······ 복구"시키고자 하는 그런 사람을 '반동주의자'로 칭했다.[116]

《신프로이센 신문Neue Preußische Zeitung》의 원래 프로그램에서조차도 혁명에 대항하는 투쟁을 넘어, "사물의 새로운 질서에 대한 긍정적인 입장, 현재의 동적인 사상"에 대한 개입을 요구하였다.[117] 이어서 이 프로그램은, 강경 보수파인 《크로이츠 차이퉁》지가 제안했던 입헌왕정제를 원칙적으로 인정하는 정도까지만으로 자신들의 입장을 제한시켰는데, 이는 이미 루드비히 폰 게를라흐가 1849년 1월 보수파의 입장으로서 표명한 적이 있었다.[118] 라도비츠는 1849년 3월, "입헌군주제에 기반한 보수주의 노선"에 대해 언급한다.[119] 또한 프리드리히 율리우스 슈탈Friedrich Julius Stahl*도 변화의 불가피성을 인정한다. 그는 입헌체제로의 전환을 인정하면서도 자신이 "과거에 지녔던 보수주의적 군주제에 대한 신념"을 굳건히 유지할 수 있다고 믿었다. 그에 따르면, 필요한 것은 "파괴의 세력에 대항하는 선의를 가진 모든 사람들의 대연합"이며, 그것은 "과거의 철저한 신분주의자"들이 입헌주의를 더 이상 거절할 수 없고, "과거의 자유주의자들"이 경험을 통해 "좀 더 보수적이며 군주제적으로 될 때에" 비로소 가능하다는 것이다.[120]

모든 세력들이 힘을 합쳐야 "왕의 군주권"이 보장되는 입헌체제의 보수적 구성이 가능하지만, 왕의 군주권 행사는 헌법에 의해 규정되어야 한다. 권력은 왕과 대중에 양분되어 존재하는 것이 아니라, 양자에 공동으로 놓이며, "왕권의 강력함과 독자성은 헌법 안에서" 보장되어야 한다. 그 속에서 왕은 국가권력으로부터 구분되는 독립적 요소인 것이다. 이를 위해서는 "사회적 상황"이 다시금 유기적으로 질서를 갖추는 일과, 대중을 대변하면서 "보수적 요소들이 진정한 이익이 되도록 하는 것이" 전제되어야 한다.[121] 하지만 슈탈은 차이를 분명히 하였다! 자신들이 민주주의와 혁명에 대한 저항을 통해 정당성을 획득했다고 믿고 있는 자유주의 정당에 의해 만들어진 "보수적"이라는 표현에 반대하면서, 그는, "마치 모든 혁명이 파괴적인 것처럼, 자유주의적 원칙도…… 도덕적이고 유기적

---

*[옮긴이] 프리드리히 율리우스 슈탈 : 1802~1861. 독일의 법학자, 정치가, 가톨릭적 세계관에 입각한 국가론, 법학론 등을 썼으며, 프로이센 보수당의 조직자이며 프로그램 작성자이다. 프로이센 상원의회의 종신 의원이기도 하였고, 다양한 언론매체를 통해 군주체제의 정당성을 설파하는 많은 보수적 글들을 남겼다.

인 관계들을 망가뜨리기 때문에 파괴적"이라는 것이다. 슈탈에게 있어 진정한 보수주의 정당이야말로 군주제적 정통주의를 따르는 것인데, 즉 '관료주의'와 '민주주의'에 반대하고, "귀족주의적이고 신분제적 자치정부"를 추구하며, 지금까지 역사적으로나 구체적으로 발전해온 그런 수준의 기독교 국가 형태를 갖추는 것을 의미하였다. [122]

코젤렉의
개념사 사전 9

해방

Emanzipation

반동의 징표 속에서

혁명이 실패로 돌아가고 급진적 봉기가 진압된 이후, 옛 권위주의 세력이 승리하면서 중
간층의 상당 부분은 겁에 질리거나 실망해 지금까지의 자유주의 국가라는 이상을 위한 참
여에서 멀어지게 된다.

CHAPTER VIII

Im Zeichen der Reaktion

VIII. 반동의 징표 속에서

● ● ●   혁명이 실패로 돌아가고 급진적 봉기가 진압된

이후, 옛 권위주의 세력이 승리하면서 중간층의 상당 부분은 겁에

질리거나 실망해 지금까지의 자유주의 국가라는 이상을 위한 참여

에서 멀어지게 된다. 보수주의자들의 자기인식은 대대적인 반동적

대책들의 압력 속에서 다시금 안정화되지만, 과거보다 더욱 첨예하

고 활동적이며 이데올로기화된 형태로 변화되었다. 헌법의 수정과

혁명적 이상에 대해 모든 방식을 동원해 다양한 차원에서 적극적으

로 대처함으로써 1848년 이전의 관계로 복귀를 요구하는 목소리가

커졌다. 그러나 권력을 쥔 보수주의에 대한 보수주의 내부로부터

의 비판의 목소리 또한 커졌다! 동시에 정치 이데올로기와 정당 시

스템에서 드러나는 변화에 대한 분석도 진행되었다.

혁명이 진행됨에 따라 '우파', '중도', '좌파'와 같은 의회주의적 개

념이 확산되었다. 후버는 1852년 자신의 글에서 보수주의자들과

반동주의자들은 '의회주의적 분포'에서 '우파'를 일컫게 될 것임을 강조하였다! 그는 이들 부류들과의 결별을 선언했는데, 그 이유는 이들의 "소위 신분제적 군주정 체제의 원칙주의적 프로그램이 혁명 이전 상황으로의 복귀라는, 한계를 훨씬 넘어선 과거로 되돌릴 것"을 추구했기 때문이었다. 또한 이들이 자신들의 프로그램에 찬성하지 않는 모든 사람들을 "보나파르트주의자Bonapartist*로 의심하면서, 법적 보호로부터 제외시킬 것"을 위협했기 때문이었다.

후버는 프로이센 보수주의자들의 이러한 정치적 불관용 외에도 사회적 무관심과 무능력, 온정과 상상력의 빈곤 등을 비난했다.[123] 그 스스로는 "혁명 이전 법적 상태의 전적인 회복"을 요구했는데, 그것은 정치 조직에서 새로운 것들을 의식적으로 만드는 일에 대한 포기를 의미하는 것이었다. 하지만 혁명 이전의 상태가 정말로 더 이상 지탱될 수 없음이 드러나자, 현실적 상황에 바탕한 "창조적 행위"가 뒤따라야만 했다. 프로이센에서의 "미래의 가장 중요한 실천 과제"는 단지 혁명을 중단시키는 일뿐만 아니라, "혁명 이전에 있었던 순수한 군주제"의 재건을 통해 "과거 회귀를 현실화 시킬 그런 보수 정당"을 건설하는 것이었다.[124] 이를 위한 주된 조건은 무엇보다 "빈곤 문제에 대한 보수적 해결"에 있었다.[125] 이후 그가 보수적 원칙주의Doktrinarismus와 근본주의Pharisäismus, 그리고 "사이비 보

---

*[옮긴이] 보나파르트주의 : 19세기 나폴레옹 1세 치하에서 진행된 체제로, 인민의 의지를 전면에 내세우면서 구체제와 시민적 의회주의 모두에 반대하는 권위주의적 군주정 형태의 독재체제.

수주의가 보여준 태만함"에 대해 점점 더 날카로운 비판을 가했던 이유는 무엇보다, 일부에서 그의 '협의회Assoziation' 조직을 위한 제안들을 '혁명적'이라고 부르면서, 조합Corporation을 진짜 '보수적' 조직으로 부르는 사람들이 있었기 때문이다. 그는 이에 반대하여, "협의회야말로 현재나 미래에도 소위 노동하는 계급에게는 유일하고도 진정으로 보수적 조합conservative corporation"이라고 주장했다.[126]

후버의 언급에서 두 가지 요소가 실제로나 개념사적으로도 중요하다. 하나는 보수적 입장에 대한 보수주의자들의 비판이며 다른 하나는 보수주의의 운명과 사회정책 프로그램 간의 관련성이다. 후버는 보수주의자들이 행동이 부족한 것에 대한 증거로 '보수주의자 되기Conservativsein'라는 단어를 들었는데, 이는 "보수적 행위로서 도저히 받아들일 수 없는 것들을 제외시킨 나머지들"에 불과한, 단순한 태도haltung를 표현한 단어라는 것이다.[127]

정치 상황을 지켜본 한 관찰자는 1855년, "오늘날 주로 정통성이라는 근본 원칙과 교회의 지원, 그리고 경직된 보수주의에만 의지하고자 하는 모든 옛 왕조들이, 전 유럽을 흔든 운동에 반대하면서 카이사르주의Cäsarentum*를 어느 정도 위협적인 상황에 놓이게 만듦으로써 유럽의 시스템을 강력한 정치적 위기로…… 흔들리게 했

---

*[옮긴이] 카이사르주의 : 19세기 중반 생겨난 정부 형태로, 군주제적 정통성이나 적법한 절차에 따르지 않고, 카리스마를 바탕으로 한 일인 지배체제이다. 일반 독재체제와 다른 점은 대중이나 대중정당 등 집단의 지지하에 실행되는 인기 영합적 지배체제라는 점이다.

음을 감출 수는 없다”고 지적했다.[128] 다음해, 게르트 아이러스Gerd Eilers는 사회가 정치적·사회적·신앙적 관점에서 이미 극복한 것들을 다시금 강요하는 사람들을 ‘가짜falsche 보수주의자’로 칭하였다.[129]

자유주의적 비판은 계속된다. 자유주의자들은 프로이센 ‘융커당 Junkerspartei’의 배려심 없는 당 이기주의와 “인민의 정치적 자유에 대한 무관심”, 나아가 그들의 신분의식에 따른 오만함, 국가에 대한 지나친 영향력, 신분제적 권리와 “귀족 영지를…… 제후의 ‘천부적 권리göttliche Rechte’와 동일시하는 일” 등을 비난하였다.[130] 《그렌츠보텐》지는 프로이센 융커당만 비판한 것이 아니라 보수주의자들의 “교황 절대주의Ultramontanismus로의 경사”와 교회를 “보수주의적 사상의 중요한 지지대”로 이용하는 것에 대해 공격하였다.[131] 막스 슈티르너Max Stirner는 자신의 책에서 보수주의라는 구호 아래 일어나는 반동에 관해 서술하고 있는데,[132] 메테르니히 시대에 대한 기억으로 가득 차 있으며 ― 프로이센 연보 1858년 제1권에 따르면 ― “보수주의적 이해 관계자들의 연대의식”이 새롭게 자리 잡았음을 확인한다. 이들은 “독일 정부를 과거의 법적 상태로 되돌리고자 하며, 그 가운데서도 신분제적 헌법 형태로 되돌리고자 하는 시도에 착수하였다”는 것이다.[133]

다른 한편에서는 ‘보수적’이라는 개념을 실용적–정치적이며 경험적–역사적 내용으로 채우고자 시도했고, 이를 통해 절도 있는 보수주의는 이성적이면서 반드시 필요한 것임을 알리고자 노력했다. 1852년 독일에서 가장 널리 읽힌 백과사전에서는, '보수주의자'의 정치적 목표를 기록하고 있는데, "국가적 업무에서 모든 불필요한 변화와 쇄신은 악이었으며, 이에 반해 대중이 지금껏 익숙해진 제도하에 산다면 국가중심사회Staatsgesellschaft가 굳건하게 된다는 것을 역사가 증명하고 있다"는 것이다. "기존의 모든 것을 지키고자 하는 저급하고 제한적인······ 보수적 노선과 지속적 발전을 통해 유지되는 진실되고 고상한 보수주의의 두 방향을 구분해야 한다."[134] 빌헬름 하인리히 릴Wilhelm Heinrich Riehl은 정치 노선을 사회의 경제−사회적 편성에 따라 분류하면서, "도시 시민층은 입헌주의적, 프롤레타리아는 사회−민주적, 귀족과 농민은 신분제−보수주의적인······ 정치적 기본 입장을 갖고 있다"고 확언했다.[135]

헤르만 바게너Hermann Wagener는 ─ 1856년 베를린에서 익명으로 출판된 ─ 〈보수주의 정치의 특성〉이라는 무게감 넘치는 서술을 남겼다. 설혹 중세적 사회 상황이 지속되었다 하더라도, 그것이 곧 '사회적 연결망'이 해체되고, 아마도 자유주의라면 행했을, "사회의 유기적 배열이 형식적이며 행정중심적······ 구조로 대체되는 것"이 정당했을 것임을 의미하지는 않는다. "이미 주어진 것, 역사적 기반, 경험 등은 '건강한 국가적 삶'을 위해 존중되어야 하지만, 개인의 권리,······ 사회의 권리" 등은 이와 대립되는 것이며, "지역의 삶을 해체시키는 경제적·국가적 권력의 중앙화"를 막아야 한다는 것이다. "보수적 정책"은 "질서 잡힌 사회생활, 문화생활, 국가생활"을 이루도록 영향을 미치고자 한다.[136] 바게너는 당면한 사회적·

정치적 문제들에 대해 제시된 유일한 건설적인 해결책으로 받아들여지는 프로그램을 고안해냈다. 이 프로그램은 그때까지 진행된 보수주의에 대한 거의 모든 논의와 목표를 포함하고 있으며, 보수주의적 정치와 사회적 용어들의 상당 부분을 포함하고 있어 오늘날까지도 사용되고 있다. 《국가와 사회 사전Staats- und Gesellschafts-Lexikon》 안의 "보수적"이라는 항목에서(보다시피 "보수주의"가 아니라) 바게너는 유지Erhalten라는 단어와 그 의미가 얼마나 적극적으로 정치적 부채Hypothek를 서술하고 있으며, 그래서 이 단어가 모든 삶의 영역에서 대대적인 변화가 진행되는 시대에는 언제나 새롭게 정당화시킬 수 있는 개념 정의를 요구하고 있음을 다시 한 번 강조한다. 당연히 단지 지켜내는 것만이 문제의 중심이 아니다. "보수적이라는 단어의 심오한 의미"는 어떤 근거에서, 또 무엇을 목표로 유지되어야만 하는가에 대한 문제가 함께 제기될 때에만 비로소 이해할 수 있다.

기독교 정신을 지키고, 자기 자신의 이해관계를 "더 커다란 전체의 구성 요소의 일부"로 받아들이면서, "더 고상한 질서"를 위해 복무하는 사람, 이러한 "질서를 인정받고자" 노력하면서, 기존의 존재하는 것들의 정신적 기반을 위해 발을 들여놓는 그런 사람만이 오직 "진정으로 보수적인" 사람이다. "하나의 정당이 적어도 제도와 문화의 총체를 보존하고자 하며, 시간이 흐르면서 보존시켜야 할 바른 기반 위에서 성장하고 발전된다면," 그때에 비로소 이 정당을 '보수적'이라 칭할 수 있다.[137]

이러한 가운데 반자유주의적 요소들이 다시금 분명하게 드러나
기도 하는데, 그것은 무엇보다 경제적·정치적 개인주의에 대한 거
부라는 논리에 기반한다. 이러한 정치적 개인주의에 반대하는 보
수적 원칙으로서는 개개인의 사회적 의무와 불평등하며 군주제적
으로 구성된 사회에 대한 우선권을 제시했다. 보수주의는 사회적
개혁을 동반한 왕정체제의 추구라는 개념을 사회주의에 대한 대안
으로 내놓는다. 루돌프 마이어Rudolf Meyer는 1873년 자신의 《보수
적이 된다는 것은 무엇을 의미하는가?》라는 책자에서 "사회적 개
혁들은 군주로부터 시작되고 보수주의자들에 의해 지원되어야 한
다"고 기록했다.[138]

제국 설립기

소위 "새로운 시대Die Neue Ära"로 불리는 시기, 프로이센 헌법 갈등Verfassungskonflikt의

시기, 그리고 민족자유주의자Nationalliberale의 정당 정치 지배와 민족 통일의 기간 동안

독일의 정치적 보수주의는 수세에 놓이게 된다.

CHAPTER IX

Die Reichsgründungsphase

IX. 제국 설립기

● ● ●   소위 "새로운 시대Die Neue Ära"*로 불리는 시기,
프로이센 헌법 갈등Verfassungskonflikt**의 시기, 그리고 민족자유주
의자Nationalliberale의 정당 정치 지배와 민족 통일의 기간 동안 독
일의 정치적 보수주의는 수세에 놓이게 된다. 보수주의 추종자들
은 싫증과 무관심, 오만함 등으로 정치적 각축에서 등을 돌리게 되
는데, 이러한 외면은 1870년대 후반까지 지속된다. 하인리히 레오
Heinrich Leo의 1864년 강연인 〈보수적이란 무엇인가?〉는 사고의
빈약을 드러내는 예로, 이들은 이러한 경향을 멈춰 세울 수 없었다.
단지 그는 장차 프로이센 보수주의가 이후에 걸어간 길이기도 했던

*[옮긴이] 새로운 시대 : 1858년 가을부터 1862년 초 사이의 프로이센 정부 정책을 일컫는 표
현으로, 왕자 빌헬름 1세에 대한 섭정의 시작과 함께(빌헬름 1세는 1861년 프로이센의 왕이 된다)
프로이센 군주정은 50년대의 보수 반동적 권위주의 체제를 벗어나 보다 완곡한 자유주의
내각이 들어서게 된다. 이 시기 프로이센 군주정은 군부의 정비와 자유주의적 대부르주아
세력에 대한 약간의 양보 등을 통해 지금까지보다 더 확고한 위치를 확보한다.

실용주의적이고 기회주의적 방향성을 보여줄 뿐이었다. "정치적으로 보존한다 함은 제도나 풍습, 법,…… 등에서 지속적이며, 효용성 있고, 성장과 발전의 상황을 지켜내는 것을 의미하며, ─ 진보, 진정으로 효용성 있는 진보를 유지하며, 붕괴로 이끄는 진보를 해체시키는 ─ 즉, 사실상의 퇴행을 막아내는 것을 의미한다." 보수주의자들은 역사적으로 형성된 다양성, 인간과 여러 국민들의 고유성을 인정한다. 이들은 삶을 추상적인 것들에 굴복시키는 것을 거부한다. 프로이센에는 "진정으로 살아있는 왕"이 있고 왕의 군대와 관료가 높은 명예를 갖고 있으며, 보수주의자들은 "프로이센적 자유의 근간인 프로이센적 훈육과 질서"에 속하는 모든 것을 지지한다.[139] 이러한 보수주의는 사상적으로는 신중한 개혁주의, 정치적으로는 군주제로 소리없이 축소되었으며, 더 이상 경제적·사회적 이해관계의 보존이라는 주장이 변화의 방해물이 되지 못했다.

실제적으로 프로이센과 제국에서의 정치적 보수주의는 변화된 상황에 적응했고, 입헌국가의 제도들을 이용하는 방법을 배웠다. 이러한 방식을 통해 마침내 보수주의자들은 실용주의적 강령으로 선거권자들에게 다가가는 당을 구성하기에 이른다. 그렇지만 여전

** [옮긴이] 프로이센 헌법 갈등 : 군 개혁과 권력분배 문제를 두고 1859~1866년, 프로이센 왕 빌헬름 1세와 의회 사이에 발생한 충돌. 왕과 당시의 총리인 비스마르크는 헌법상 의회와 내각 사이의 의견의 불일치 시에 처리규정이 없음을 이용하여 사신들의 군 개혁에 관한 의지를 관철시키고자 하였고, 자유주의 의원들이 지배하던 의회는 이에 반대함으로써 지속되었던 충돌. 1866/67년 비스마르크에 대한 면책특권의 인정과 자유주의자들의 분열로 종결된다.

히 이들에게서 "보수적"이라는 단어는 간헐적으로 나타난다. 비스마르크가 "보수적"이라고 불렀던[140] 1861년의 '프로이센 민족협의회Preußischer Volksverein' 프로그램에는 보수적이라는 단어가 아직 등장하지 않는다. 민족협의회나 1863년 9월 "애국주의 연합"의 선거 선전문에도 역시 등장하지 않는다. 1866년 겨울의 북독일 제국의회 첫 선거에서 "애국주의 연합"은 단 한 번 "보수적 시각"이라는, — 즉 보수적 시각에서 볼때 통일국가를 추구하지 않는 것이 행운이라는 — 단어를 사용할 뿐이었다.[141] 이에 반해 1867년 10월, 32명의 의원들은 당면한 지방의회 선거를 맞아 비스마르크 정책에 찬성하면서 스스로를 "보수당"으로 칭했다. 자신들은 "변화된 정치 관계"에 적응해야만 된다는 확신을 갖고 있으며, 정부가 "군부는 진취적이기를, 민족은 보수적이기를 원하는 프리드리히 대제Friedrich der Groß의 입장"을 다시금 받아들였기 때문에 이를 지지한다고 발표했다.[142]

이 호소문이 별 결과 없이 끝났기 때문에 1872년 정당 창설을 위한 새로운 시도가 감행되어야만 했다. 이제 "보수당"은 "오직 정부와 확실하게 정해진 기반 위에서" 공동으로 "행동할" 때에만 "비로소 효력 있게 작동"할 수 있다고 선언한다. "보수당의 정치적 기본 이념에 따르면 군주제적—민족주의적이어야 하며, 이는 즉 "통일국가"와 "의회주의적 다수결 지배"에 반대하고, "현재의 국가 질서와 사회 질서"를 변화시키고자 하는 시도에 반대하는 공권력의 개입에 찬성하며, 정부와 '교회'를 통한 "빈곤 문제의 해결"을 옹호하는 것이다.[143] 이러한 시도가 실패로 돌아가자 보수주의적 지방의회 의원들은 12월 "신보수주의 정파Neue konservative Fraktion"를 구성했다. 이들은 1873년 5월 "군주제적이며 민족적"이라는 선거 구호를 갖고 등장했고, 그중에서도 "진짜 보수적" 요소들, 즉 "질서라는 원칙을 기반으로, 변화되는 정치적 관계망에 걸맞는 개혁을 적시에 시행하며, 모든 파괴적이고 급진적 경향들과의 싸움을 통해 국가와 사회 질서의 근간을 고수할 것을 결의했다."[144]

구보수주의자들이, 민족 문제에 있어 소극적이며 반산업주의적이고 종교적 원칙에 충실하다는 의미로 '보수적'이라는 개념을 의도적으로 피했던 반면, — 분명 그들에게서 보수적이라는 개념은 만족스러울만큼 단호한 표현이 되지 못했다! — 새로운 보수주의자들은 "독일 보수당Deutsche Konservative Partei"을 공개적으로 자신들의 이름으로 정하였다. 1876년 창당 선언문에서 그들은 오늘날의 정치적 보수주의의 기본 합의를 다시 한 번 강조한다. 국가의 군주제적 특성, 강력한 정부, 광범위한 "자치,…… 역사적으로 주어진 기반 위에서 공법과 사법의 지속적 발전, 보통선거권의 거부, …… 종교 기관들과…… 기독교적…… 초등학교의 유지", 자유주의적 경제이론의 거부, "토지 소유자, 산업가와 수공업자들의 이해관계 지원, 잘못된 사회주의 교리"에 대한 투쟁, 경제 평화적 정책 등이 그것이었다.[145] 1892년의 수정 프로그램에는 국민의 삶 속에 이미 침투해 있는 "유대인의 파괴적 영향력"에 대한 투쟁을 추가했다.[146] 프로그램상 이는 이미 1866년 창당된 "자유보수연합Freien konservativen

Vereinigung"에 그 기원을 갖고 있는 "자유보수당Freikonservartiven Partei"과 별 차이가 없었다. 1867년 10월의 선거 프로그램에서 이들 "자유보수당"은 비스마르크의 "민족주의적 정책"에 대한 지원을 자신들의 전반적 보수 사고에 대한 실천으로 보았다. 즉 이들에게서 보수적 사고란 "기존의 것들 중에서 건강하고 발전 능력이 있는 요소들을 사려깊게 보호하고 발전시키며, 역사와 단절하지 않으면서, 선언적 원칙에 얽매여 생생한 현실을 변형시키고자 하지 않는 것"이었다. "진짜 보수적 정신"에 입각해 이들은 입헌주의로의 전환을 승인했으며, 헌법을 인정하고, "국민의 모든 단위에서의 자치행정"을 목표로 발전시킬 것을 요구했다.[147] 4년 후 이 당은 자신들이 "프로이센 군주정이 갖고 있는 역사적 기반의 보존을 통해……민족적인 독일 국가체제를 헌법에 맞게 발전시키고자 했고, 개혁을 원하였으며, 마치 급진주의와도 유사하게, 반동, 정체 등과 투쟁하였음을 증명했다고 믿었다."[148]

전망

독일 보수당과 자유보수당은 자신들 스스로에 대한 서술에서 '보수주의'라는 개념을 사용

하지 않았다. 이 개념은 너무 쉽게 비판에 노출되었으며 너무 이데올로기적이라는 의심을

받았다.

CHAPTER X

Ausblick
X. 전망

●●● 　　독일 보수당과 자유보수당은 자신들 스스로에 대
한 서술에서 '보수주의'라는 개념을 사용하지 않았다. 이 개념은 너
무 쉽게 비판에 노출되었으며 너무 이데올로기적이라는 의심을 받
았다. — 빈약한 정책을 갖고 있는 당으로서는 너무도 뚜렷한 방향
성을 드러내는 약점을 갖는다. 그러나 또한 '보수적'이라는 표현을
피하고자 함에는 — 아마도 너무도 높은 차원에서의 해명이 요구
되기 때문일 것이다.

　설혹 이를 설명하고자 한다 해도 반복과 일반적 췌언을 넘어서기
가 어려웠다. 《보수주의자 사전》에는 "보수주의"라는 항목은 없고,
"보수적"이라는 항목만 있었다. 1898년 '보존하다'라는 것의 의미
를, 모든 것을 모든 경우에 유지하는 것은 아니라고 설명하고 있다.
"무엇보다 우리의 민족정신Volkstum과 민족의 힘Volkskraft의 근간"
이 보존되어야 한다. "기독교적 생애관, 왕과 민족 구성원 사이의

아름다운 신뢰관계, 프로이센 군대와 관료에게 오래전부터 있어 온 절도와 충성 의무, 사회 단체들의 건강한 조직, 민족경제 모든 영역에서의 정직하고 생산적인 노동의 유지 등,…… 보수주의자들에게는 과거부터 전해져 내려오는 것들, 역사적으로 형성된 것들이 현명한 선조들이 이뤄낸 작업의 '총수확물Reinertrag'로 받아들여졌다."[149]

1903년 〈독일제국 보수주의자들을 위한 조언〉에서는 완전히 상투적 표현들을 동원해 "우리는 선하고 아름다운 것, 신과 인간의 법칙에 따라 유용하고 올바른 모든 것을 유지하고자 한다"고 언급하고 있다.[150] 역시 일반적으로, "역사적 기반 위에서 지속적 진전과 발전, 성장 등을 받아들일 준비가 되어 있음"을 호소했다. "진짜 진보란 어두운 길을 망설이지 않고 앞으로 돌진하는 것이 아니라, 역사적으로 형성된 것들을 바탕으로 한 계획성 있는 전진이다. 이러한 진짜 진보를 보수주의자들은 칭송한다."[151]

양대 보수주의 정당은 프로이센 군주제와 제국이 종말을 맞을 때까지 지속되지 못했다. 후속 정당인 "독일민족국민당Deutschnationale Volkspartei(DNVP)"*은 이름과 당 프로그램에서 '보수적'이라는 개념을 사용하지 않았다. "민족보수연합Volkskonservative Vereinigung"(1929)이라는 단체에 이르러서야 비로서 보수적이라는 개념을 표방

---

*[옮긴이] DNVP: 독일민족국민당Deutschnationale Volkspartei의 약자로 1918년 보수주의자들과 민족주의자들이 결합하여 창당한 바이마르 시대 가장 영향력 있던 보수우익 정당. 1933년 1월 히틀러 내각에 참여하지만 곧 강제로 해산되었다.

하며, 이들은 다음해 "보수국민당Konservative Volkspartei"을 결성하지만, "독일민족국민당"의 발전에 따라 "보수주의 세력의 실질적인 개입이 훼방당한다."

그러나 이들 "보수국민당"은 국가를 "영원한 민족적 특성의 살아있는 구현"으로 보았으며, "보수주의적 국가관"의 관철이 "독일 민족을 강력한 국가권력 아래 총괄하기 위한" 불가결한 전제라고 서술한다.[152] 이는 19세기 귀족제적‒신분제적 왕정주의와 가부장적‒기독교적 군주제가 행정중심주의와 국가주의로 넘어감에 따라, 이미 바이마르 공화국에서 보수주의의 구성 요소들이 관철된 것을 의미한다. 비스마르크는 보수주의자들이 "보수주의적인 것과 행정주의적인 것 간의 개념을 혼동하고 있으며", "자신들이 무엇을 보존해야 할지"를 알지 못하고 있음이 확실하다고 비판했다.[153]

이 모든 것들은 사회적·정치적 조건들, 특히 그중에서도 보수주의자들이 이들에 어떻게 대응하는가에 달려있다. 물론 보수적 정치 신념 속에서 분명한 연속성을 발견할 수 있기는 하다. 가치중심적 신념에 따른 기본 입장이 그것이며, 스스로 변화하는 조건들 속에서 이익을 추구하는 일에 대한 거부가 그것이다. 하지만 '보수주의'라는 개념은 이를 대표하는 자기 표현과 상징어로 관철되지 못했다. '보수주의자'는 상대적으로 불명확한 통칭으로 남았으며, 지지자들보다는 오히려 반대자들에 의해 사용되었다. 이들 지지자들은 자신들의 생각을 '보수적'이라고 지칭하였고, 이를 즉시 내용상 좀더 구체화시키는 작업, 즉 단어에 내용을 부여하는 것에 노력을 기울였지만, 스스로가 내용을 충분히 채우는 일에는 분명 실패했다.

　하지만 이는 보수주의적 요소들이 갖고 있는 약함의 결과가 아니다. 오히려 독일 정치문화의 반자유주의적 구조가 강했던 결과이다. 그러한 정치문화 속에서 지배계층의 정치적 보수주의가 오랫동안 너무도 정상적으로 받아들여졌으며, 그래서 하나의 개념, 하나의 추상적 "−이즘"으로 확정되는 것, 그리고 무엇보다 하나의 이데올로기나 당이라는 위상으로 축소되는 것에 대해 거부하였다. 그 뒤에는 더 심원한 이유가 존재한다. 보수주의자들은 자신들이 일반화된 이름으로 지칭되는 것에 반대하는데, 왜냐하면 그들은 자연과 역사를 통해 결정된 인간 삶의 구체성은 개념적으로 하나에 묶일 수 없다는 확신을 갖고 있었기 때문이다. 그래서 '보수적 민주주의Willy Hellpach'(1921)나 '보수혁명Hugo von Hofmannsthal'(1927)이라는 유행어도, 또는 보수적 입장을 새롭게 규정하고자 하는 오늘날의 시도도, '보수주의'를 정치적으로 명확한 개념으로 세우는 작업에 실패했다.

주석과 참고문헌에 사용된 독어 약어 설명

abgedr.(abgedruckt) = 인쇄된, 활자화된

Anm.(Anmerkung) = 주註

Art.(Artikel) = (사전 따위의) 항목, (법률의) 조條

Aufl.(Auflage) = (책의) 판(초판, 재판 등의)

Ausg.(Ausgabe) = (책의) 판(함부르크판, 프랑크푸르트판 등의)

Bd.(Band) = (책의) 권

Bde.(Bäde) = (책의) 권들

ders.(derselbe) = 같은 사람[저자](남자)

dies.(dieselbe) = 같은 사람[저자](여자)

Diss.(Dissertation) = 박사학위 논문

ebd.(ebenda) = 같은 곳, 같은 책

f.(folgende) = (표시된 쪽수의) 바로 다음 쪽

ff.(folgenden) = (표시된 쪽수의) 바로 다음 쪽들

hg. v. ⋯(herausgegeben von ⋯) = ⋯에 의해 편찬된(간행자, 편자 표시)

Mschr.(Maschinenschrift) = (정식 출판본이 아닌) 타자본

Ndr.(Neudruck) = 신판新版, 재인쇄

o.(oben) = 위에서, 위의

o. J.(ohne Jahresangabe) = 연도 표시 없음

s.(siehe!) = 보라!, 참조!

s.v.(sub voce) = ⋯라는 표제하에

u.(unten) = 아래에서, 아래의

v.(von) = ⋯⋯의, ⋯⋯에 의하여

vgl.(vergleiche!) = 비교하라!, 참조!

z. B.(zum Beispiel) = 예컨대, 예를 들자면

zit.(zitiert) = (⋯⋯에 따라) 재인용되었음

참고문헌

Hans Barth, *Der konservative Gedanke*, Ausg. Texte (Stuttgart 1958)

Gesellschaft und Staat im Spiegel deutscher Romantik, hg. v. Jakob Baxa (Jena 1924)

Klaus Epstein, *The Genesis of German Conservatism* (Princeton/N. J. 1966), dt. Die Ursprünge des Konservatismus in Deutschland (Berlin 1973)

Otto-Heinrich v. der Gablentz, "Reaktionen und Restaurationen", in: *Zur Geschichte und Problematik der Demokratie*, Festschrift Hans Herzfeld, hg. v. Wilhelm Berges und Carl Hinrichs (Berlin 1958), 55 ff.

Adolf Grabowsky, "Konservatismus", *Zeitschrift für Politik* 20 (1931), 770 ff.

Martin Greiffenhagen, *Das Dilemma des Konservatismus* (München 1971)

Gerd-Klaus Kaltenbrunner, *Rekonstruktion des Konservatismus* (Freiburg 1972)

Klemens v. Klemperer, Art. "Konservatismus", *Sowjetsystem und demokratische Gesellschaft*, Bd. 3 (1969), 847 ff.

Siegfried Landshut, Art. "Konservatismus", *Wörterbuch der Soziologie*, 2. Aufl. hg. v. Wilhelm Bernsdorf (Stuttgart 1969), 587 f.

Karl Mannheim, "Das konservative Denken. Soziologische Beiträge zum Werden des politisch-historischen Denkens in Deutschland" (1927), in: ders., *Wissenssoziologie. Auswahl aus dem Werk*, hg. v. Kurt H. Wolff (Berlin, Neuwied 1964)

Robert Michels, Art. "Conservatism", *Enc. of the Social Sciences*, vol. 4 (1930; 12. Ndr. 1957), 230 ff.

Jan Romein, "Über den Konservativismus als historische Kategorie. Ein Versuch", in: *Wesen und Wirklichkeit des Menschen*, Festschrift Helmuth Plessner, hg. v. Klaus Ziegler (Göttingen 1957), 215 ff.

Clinton Rossiter, Art. "Conservatism", *International Enc. of the Social Sciences*, vol. 3 (1968), 290 ff.

Hans-Joachim Schoeps, *Das andere Preußen. Konservative Gestalten und Probleme im Zeitalter Friedrich Wilhelms IV.*, 2. Aufl. (Honnef 1957)

Otto Ernst Schüddekopf, "Konservatismus", *Internationale Jahrbuch f. Geschichtsunterricht* 7 (1959/60), 306 ff.

Konservatismus, hg. v. Hans Gerd Schumann (Köln 1974)

Oskar Stillich, *Die politischen Parteien in Deutschland*, Bd. I: Die Konservativen (Leipzig 1908)

Fritz Valjavec, *Die Entstehung der politischen Strömungen in Deutschland 1770-1815* (München 1951)

Rudolf Vierhaus, Art. "Conservatism", *Dictionary of the History of Ideas*, vol. I (New York 1973), 447 ff.

주석

1 Karl Mannheim, "Das konservative Denken. Soziologische Beiträge zum Werden des politisch-historischen Denkens in Deutschland" (1927), in: ders., *Wissenssoziologie. Auswahl aus dem Werk*, hg. v. Kurt H. Wolff (Berlin, Neuwied 1964), 412 f.

2 Zedler, Bd. 30 (1741), 1793, "Regierung" 항목.

3 *Mecklenburgische Urkunden und Daten*, hg. v. H. Sachsse (Rostock 1900), 467.

4 Carl Gottlieb Svarez, *Vorträge über Recht und Staat*, hg. v. Hermann Conrad und Gerd Kleinheyer (Köln, Opladen 1960), 228.

5 Fritz Valjavec, *Die Entstehung der politischen Strömungen in Deutschland 1770-1815* (München 1951), 428 f.

6 앞의 책, 428.

7 잡지의 부제: *Eudämonia, oder deutsches Volksglück. Ein Journal für Freunde von Wahrheit und Recht 1* (1795; Ndr. 1972)

8 Friedrich v. Gentz, 1805년 12월 23일 편지, Briefe an Johannes von Müller, hg. v. Joh. Heinrich Maurer-Constant, Bd. 1 (Schaffhausen 1839), 155.

9 Adam Müller, *Die Elemente der Staatskunst*, hg. v. Jakob Baxa, Bd. 1 (Jena 1922), 373.

10 Joseph Frh. v. Eichendorff, *Politischer Brief, Werke und Schriften*, Bd. 4 (1959/60), 1359.

11 Joh. Christoph Frh. v. Aretin/ Carl v. Rotteck, *Staatsrecht der constitutionellen Monarchie*, 2. Aufl., Bd. 1 (Leipzig 1838), VI, Anm. VII, Vorrede zur 1. Aufl.

1823.

[12] F. Ancillon, *Über den Geist der Staatsverfassungen und dessen Einfluß auf die Gesetzgebung* (Berlin 1825), 118.

[13] Wilhelm Traugott Krug, *Geschichtliche Darstellung des Liberalismus alter und neuer Zeit. Ein historischer Versuch* (Leipzig 1823), X.

[14] Krug, Bd. 2 (1827), 628 f.

[15] 앞의 책, Bd. 4 (1829), 201, 259.

[16] Karl−Georg Faber, "Konservatorischer Liberalismus", "Umstürzender Liberalismus", "Konservatorischer Obskurantismus". Marschall과 Almendingen 사이의 편지교환 (1823), *Nassauische Annalen* 78(1967), 200 ff.

[17] Hellmuth Rössler, *Zwischen Revolution und Reaktion. Ein Lebensbild des Reichsfreiherrn Hans Christoph von Gagern 1766-1852* (Göttingen, Berlin, Frankfurt 1958), 270에서 인용.

[18] Seth William Stevenson / C. Roach Smith / Frederic William Madden, *A Dictionary of Roman Coins, Republican and Imperial* (London 1889; Ndr. 1969), 600 ff.

[19] *FEW* Bd. 2/2 (1946), 1065.

[20] 앞의 책, 1066.

[21] *Dict. Ac. franc.*, t. 1 (1964), 235.

[22] 앞의 책, t. 1 (1777), 245. *Encyclopedie*, t. 17 (Bern, Lausanne 1779), 75 참조; Conservateur est un officier public etabli pour la conservation de certains droits ou privileges.

[23] Brunot 2 (ed.), t. 9/2 (1967), 840, Anm. 6.

[24] Jean Charles de Laveaux, "Prospectus" zu: *Le Conservateur* (Paris 1794).

[25] Alphonse Aulard, *Histoire politique de la Revolution francaise* (Paris 1901), 625 인용.

[26] Brunot t. 9/2, 661.

27 Germaine de Stael, *Des circonstances actuelles qui peuvent terminer la Revolution* (1798), (ed.) John Vienot (Paris 1906), 165. 173 f.

28 *Le Conservateur*, 1판, 1818년 10월 5일, 7.

29 Francois Rene De Chateaubriand, *Memoires d'outre-tombe*, ed. Maurice Levaillant, 2 (ed.), t. 2/3 (Paris 1964), 29.

30 *Dict. Ac. franc.*, "Complement" (1842), 268.

31 John Wilson Croker, "International Policy", *The Quarterly Rev.* 42 (1830), 276.

32 Wellington an Lord Londonderry, 1827년 4월 20일, Elie Halevy, *Histoire du people anglais au XIX siecle*, 2 (ed.), t. 3 (Paris 1928), 61 f., 각주 3 인용.

33 *Blackwood's Edinburgh Magazine*, 1831년 4월, 593, Uno Philipson, *Political Slang 1750-1850* (Lund, London, Kopenhagen 1941), 85.

34 Robert Peel의 Henry Goulburn에게 1833년 1월 3일 보낸 편지, Ernest Lewellyn Woodward, *The Age of Reform 1815-870, The Oxford History of England*, 2nd., vol. 13 (Oxford 1962), 97 인용.

35 Henry Goulburn가 Robert Peel에게 1834년 12월 8일 보내는 편지, Georges S. R. K. Clark, *Peel and the Conservative Party*, 2nd ed. (London 1964), 209.

36 예를 들면 Gentz와 Metternich 간의 편지교환; *Briefe von und an Friedrich von Gentz*, hg. v. Friedrich Carl Wittichen und Ernst Salzer, Bd. 3/1 (München. Berlin 1913) ; Metternich가 Gentz에게 1819년 4월 30일 보내는 편지, 앞의 책, 420; Gentz가 Metternich에게 1819년 5월 6일과 7월 1일 보낸 편지, 앞의 책, 424. 478. Gentz의 1822년 10월 18일 자신의 샤토브리앙과의 만남에 대한 기록을 참조하시오; 이 무모한 반동의 두 거대한 시기를 가리켜 그는 프랑스는 보수주의자의 재단*Stiftung des Conservateur*, 독일은 칼스바트 의회*Kongreß von Karlsbad*로 표현했다; *Friedrichs von Gentz의 유고* hg. v. Anton Franz Prokesch—Osten, Bd. 1 (Wien 1867), 78.

37 Hübner (1742년 판), 92. —"erhalten유지하다"와 "aufbewahren보존하다"라는 의

미는 그 전거가 16세기까지 거슬러 올라간다; Schulz/Basler Bd. I (1913), 382.

[38] *Feldzeitung der Preußischen Armee*, Nr. 45 v. 1814년 1월 12일; *Preußens Freiheitskampf* 1813/14에서 인용. 당대의 표현으로는 hg. v. Kurt Hesse (Potsdam, Berlin 1940), 223.

[39] *Brockhaus* 8. Aufl., Bd. I (1833), 851.

[40] 앞의 책.

[41] Karl Heinrich Hermes, "Die wahre Ursache der allgemeinen Gährung" (1835), in: ders., *Blicke aus der Zeit in die Zeit. Randbemerkungen zu der Tagesgeschichte der letzten fünfundzwanzig Jahre*, Bd. 1 (Braunschweig 1845), 239 f.

[42] Franz v. Baader, *Über das dermalige Mißverhältniß der Vermögenslosen oder Proletairs zu den Vermögen besitzenden Classen der Societät in Betreff ihres Auskommens sowohl in materieller als intellectueller Hinsicht aus dem Standpuncte des Rechts betrachtet* (1835), SW Bd. 6 (1854; Ndr. Aalen 1963), 127, Anm.

[43] Radowitz에 따르자면 이미 1846년! (주석 84 참조).

[44] Friedrich Bülau, "Parteinamen und Parteigeist" (1931), in: ders., *Zeitfragen aus dem Gebiete der Politik und Volkswirtschaft*, Ges. Aufs. (Leipzig 1846), 303.

[45] Friedrich Bülau, "Über die Ergänzung des Militairs" (1833), 앞의 책, 141, 각주.

[46] Friedrich Bülau, Nachwort zu den vorhergehenden Aufsätzen, 앞의 책, 98.

[47] Joseph Maria v. Radowitz, "Die Varietäten des Liberalismus", *Berliner Politische Wochenblatt*, Nr. 31 v. 1832년 8월 4일, 200.

[48] Joseph Maria v. Radowitz, "Die Politischen Partheien", 앞의 책, Nr. 35 v. 1832년 9월 1일, 221 f.

[49] Carl Ernst Jarcke, Stiftung, "Zweck und Tendenz des Berliner politischen Wochenblattes", *Prospektus (1831), Vermischte Schriften*, Bd. 1 (München 1839), 1 f.

[50] *Berliner Politische Wochenblatt*, Außerordentliche Beilage, Nr. 37 v. 1832년 9월 15일 237.

[51] 앞의 책, Nr. 1 v. 1833년 1월 5일, 1 ; Nr. 5 v. 1833년 2월 2일, 28 ; Nr. 17 v. 1833년 4월 27일, 101.

[52] 앞의 책, Nr. 51 v. 1834년 12월 20일, 303.

[53] Joseph Görres, *Athanasius* (1838 ; 4판. Regensburg 1838), 10. 98.

[54] *Brockhaus*, CL neueste Zeit, Bd. 1 (1832), 245.

[55] *Brockhaus* 8판, Bd. 1, 851.

[56] Carl Welcker, *Allgemeine encyklopädische Übersicht der Staatswissenschaft und ihrer Theile*, Rotteck/Welcker Bd. 1 (1834), 4. 6.

[57] Carl v. Rotteck, "Bewegungs-Partei und Widerstands-oder Stillstands-Partei", 앞의 책, Bd. 2 (1835), 558 f. 562 f.

[58] Ders., "Historisches Recht", 앞의 책, Bd. 8 (1839), 12.

[59] Welcker, "Gentz", 앞의 책, Bd. 6 (1838), 530. 532.

[60] Theodor Mundt, Windrosen. " Zur Orientierung in Zeit, Literatur und Leben, Literarischer Zodiacus," *Journal für Zeit und Leben, Wissenschaft und Kunst (1835), Bd. I, 176; Ferdinand Gustav Kühne, Eine Quarantäne im Irrenhause* (Leipzig 1835), 131.

[61] Karl Gutzkow, *Die Absetzung des Erzbischofs von Köln und die Hermessche Lehre* (1837), Ausg. Werke, hg. v. Heinrich Hubert Houben, Bd. 9 (Leipzig), 6 ff. 그의 *Zum Verständnis des Görresschen Athanasius* (1838), 앞의 책, 50 참조.

[62] 예를 들면, Arnold Ruge, Heinrich Leo, Sendschreiben an J. Görres (Halle 1838) 서평, *Hallische Jahrbücher*, Nr. 148 (1838), 1183.

[63] *Einundzwanzig Bogen aus der Schweiz*, hg. v. Georg Herwegh, Bd. 1 (Zürich, Winterthur 1843), 12.

[64] Hermes, "Der politische Horizont"(1831), *Blicke aus der Zeit*, Bd. 1 (각주 41 참조), 81 f. ; Hermes, "Die Parteien und die Verhältnisse"(1832), 앞의 책, 109 ; Hermes, "Wahre Ursache", 앞의 책, 240.

[65] Hermes, "Die Liberalen und die Conservativen" (1837), 앞의 책, Bd. 2, (1845), 153.

[66] "Mitteilungen über den Verhandlungen der sächsischen Landtags", Nr. 266 (Dresden 1837), 4493, 1837년 9월 2일 회의록.

[67] *Verhandlungen der Stände-Versammlung der Großherzogthums Baden im Jahr 1837, 2. Kammer, 2. Protokollheft* (Karlsruhe 1837), 1837년 5월 3일 회의록, 102. 106. 118 ff.

[68] David Hansemann, *Denkschrift über Preußens Lage und Politik (1840), Rheinische Briefe und Akten zur Geschichte der politischen Bewegung 1830-1850*, hg. v. Josepf Hansen, Bd. 1 (Essen 1919), 201. 221 f. 게재.

[69] Victor Aimé Huber, "Über die Elemente, die Möglichkeit oder Notwendigkeit einer konservativen Partei in Deutschland" (1841), *Ausgewählte Schriften über Socialreform und Genossenschaftswesen*, hg. V. Karl Munding(Berlin 1894), 46, 59, 66, 69 f. 72. 74.

[70] Victor Aimé Huber, "Die Opposition. Ein Nachtrag zu der conservativen Partei" (1842), 앞의 책, 105 f.

[71] "Die conservative Parthei in Deutschland", *Hist.−polit. Bll. f. d. kath. Deutschland* 8 (1841), 706. 717 f. 705.

[72] N. G. Elwert, "Rezension Victor Aimé Huber, Über die Elemente, die Möglichkeit oder die Nothwendigkeit einer konservativen Parthei in Deutschland". Allg. Lit.−Zeitung (1842), Nr. 33, 260. 263.

[73] Huber, "Was wir wollen", *Janus* (1845), Bd. I, 3, 8, 15, 31.

[74] 앞의 글, 1 f.

[75] Victor Aimé Huber, "Die conservative Presse", (1846), Bd. 2, 567 f.

[76] Victor Aimé Huber, Als Vorrede und zur Orientierung, 앞의 책 (1847), Bd. 1, 2.

[77] 앞의 책, 12 f. 22 f.

78 Victor Aimé Huber, "Noch einmal: Was wir wollen", 앞의 책 (1848), Bd. 1, 4. 9. 18.

79 Karl Rosenkranz, " Über den Begriff der politischen Partei"(1843), *Die Hegelsche Rechte*, hg. V. Hermann Lübbe (Stuttgart 1962), 70 게재.

80 Radowitz, "Politischer Enthusiasmus"(1839), *Ausgewählte Schriften*, hg. v. Wilhelm Corvinus, Bd. 2 (Regensburg o.J.), 241 f.

81 Baader, "Der Morgenländische und Abendländische Katholicismus"(1841), *SW* Bd. 10 (1855; 1963 재인쇄), 111 (각주 42를 참고하시오).

82 Baader, "Brief an Ouvarof" (März 1841?), *Lettres inedites*, ed. Eugene Susini, t. 1 (Paris 1942), 455.

83 Radowitz, "Die historische Schule"(1843), *Ausgewählte Schriften*, Bd. 2, 277.

84 Radowitz, "Gespräche aus der Gegenwart über Staat und Kirche", 15. Gespräch, 앞의 책, Bd. 1 (o.J.), 360 f.

85 Radowitz, "Die Unabhängigen"(1847), 앞의 책, Bd. 2, 313 f.

86 Radowitz, "Meine Auffassung der politischen Tages—Fragen"(1851), 앞의 책, 380. 382 f.

87 Radowitz, "Die Umwandlung in den Partheien"(1852), 앞의 책, 400.

88 Ernst von Bülow—Cummerow, *Preußen, seine Verfassung, seine Verwaltung, sein Verhältniss zu Deutschland* (Berlin 1842), 92.

89 Friedrich Bülau, "Das Landesgrundgesetz für das Fürstenthum Schwarzburg—Sondershausen und die teutschen Verfassungen überhaupt", *Neue Jbb. d. Geschichte und Politik* (1842), Bd. 1, 17.

90 Friedrich Rohmer, *Lehre von den politischen Parteien*, Bd. 1 (Zürich, Frauenfeld 1844), 202.

91 Friedrich Rohmer, 248.

92 Friedrich Rohmer, 256 f.

[93] Dr. S. [Franz Schuselka?], *Der Fortschritt und das conservative Prinzip in Österreich. In Bezug auf die Schrift "Österreichs Zukunft"* (Leipzig 1844), 152 f.

[94] F. List, "Über die nationalökonomische Reform des Königreichs Ungarn" (1845), *Schriften*, Bd. 3/1 (1929), 482.

[95] "Verh. d. 8. Rhein. Provinziallandtages über die Frage der Volksrepräsentation", 1845년 3월 10일, in: Hansen, *Briefe und Akten*, Bd. 1, 817 (각주 68 참조).

[96] "Der Pauperismus und dessen Bekämpfung durch eine bessere Regelung der Arbeitsverhältnisse", *Deutsche Vierteljahrsschrift* (1844), H. 3, 323.

[97] Karl Nauwerck, "Conservatismus und Radicalismus", *Deutsche Jahrbücher für Wissenschaft und Kunst* 5/2 (1842), 787 f.

[98] Jules Elysard [Michael Bakunin의 필명], "Die Reaction in Deutschland", 앞의 글 985.

[99] Carl Welcker, "Vorrede", Rotteck/Welcker 2. Aufl., Bd. 1 (1845), XXVII f.

[100] Bülau, "Conservative und Liberale", *Neue Jbb. d. Geschichte und Politik* (1847), Bd. 2, 448 f. 451.

[101] Philipp Engelhard v. Nathusius, *Statistische Übersichten über die Verhältnisse und wichtigsten Abstimmungen beider Kurien und über die künftigen ständischen Ausschüsse*. Als Ergänzung zu allen Ausgaben der Verhandlungen und als Vorläufer zu einer Geschichte des Ersten Reichstags in Preußen (Berlin 1847), 3f. 6f.

[102] "Unsere Partei", *Die Grenzboten* 8/1,2 (1849), 290.

[103] Gustav Mevissen an David Hansemann, I. 3. 1848, Hansen, *Briefe und Akten*, Bd. 2/1 (1942), 483, 각주 3.

[104] 앞의 문헌, 434 f.

[105] Ernst Ludwig v. Gerlach, "Die Errungenschaften und die Reaktion", *Ev. Kirchen-Zeitung* 42 (1848), 469.

[106] Julian Schmidt, "Berlins neue Physiognomie II.", Die Grenzboten 7/1,2 (1848),

16. "Ein Votum über die Reaction", 앞의 책 7/2,4 (1848), 253 참조.

[107] Karl Marx/Friedrich Engels, "Manifest der Kommunistischen Partei"(1848), *MEW* Bd. 4 (1959), 472.

[108] 예를 들면 *Deutsche Vierteljahrsschrift* (1849), H. 3, 90.

[109] Julian Schmidt, "Preußen und die Revolution", *Die Grenzboten* 7/1,2 (1848), 67.

[110] "Unsere Partei", 앞의 글 8/1,2 (1849), 283. 286. 290.

[111] "Die conservative Kraft Preußens", 앞의 글 8/2,4 (1849), 204. 206; William Rogers, "Die conservative Kraft des Ackerbaues", 앞의 책 8/1,2 (1849), 401 ff.

[112] Preußische Briefe. 18번째 편지: Die zweite Kammer, 앞의 글 8/2,3 (1849), 299. 301.

[113] "Der Geist der gegenwärtigen deutschen Reichsgesetzgebung", *Deutsche Vierteljahrsschrift* (1849), H. 1, 195.

[114] Max Duncker, *Zur Geschichte der deutschen Reichsversammlung in Frankfurt* (Berlin 1849), VIII f., 서문.

[115] Janus Huber (1848), Bd. I, 421, Schlußwort.

[116] August von Bethmann Hollweg, *Reaction und Sonderthümlerei. Sermon an die Conservativen* (Berlin 1848), 1 f.

[117] Hermann Wagener, *Erlebtes. Meine Memoiren aus der Zeit von 1848 bis 1866 und von 1873 bis jetzt* (Berlin 1884), 6 인용.

[118] Gerlach, *Neue Preußische Zeitung* (Kreuzzeitung), Nr. 22, 1849년 1월 22일, 175.

[119] Radowitz, 1849년 3월 23일, "Berichte aus der Nationalversammlung zu Frankfurt am Main", *Gesammelte Schriften*, Bd. 3 (Berlin 1853), 477.

[120] Friedr. Julius Stahl, *Die Revolution und die constitutionelle Monarchie* (Berlin 1848), IV f., 서문.

[121] Friedr. Julius Stahl, "Das Banner der Conservativen"(1848년 여름 "Kreuzzeitung"

에 처음 게재), 앞의 글, 17 f.

[122] Friedr. Julius Stahl, *Die Gegenwärtigen Parteien in Staat und Kirche. Neunundzwanzig akademische Vorlesungen* (1850/51; Berlin 1863), 89. 312.

[123] Huber, *Bruch mit der Revolution und Ritterschaft* (Berlin 1852), IV. VI f., 서문.

[124] 앞의 글, 2 f. 22. 29.

[125] 앞의 글, 45.

[126] Huber, *Reisebriefe aus Belgien und Frankreich im Sommer 1854* (Hamburg 1855), XVI, 서문.

[127] 앞의 글, Bd. 2 (1855), 129.

[128] Heinrich Küpfer, "Denkschrift vom Herbst 1855", Manfred Laubert, *Aus dem Nachlaß des Legationsrats*. Heinrich Küpfer, *Forschungen zur Brandenburgischen und Preußischen Geschichte* 54 (1943), 340 f. 인용.

[129] Gerd Eilers, *Meine Wanderung durchs Leben*, Bd. 3 (Leipzig 1858), 257.

[130] "Die Junkerpartei in Preußen", Die Grenzboten 11/2,4 (1852), 487.

[131] "Der Katholicismus und die conservative Partei", 앞의 글 10/1,1 (1851), 64.

[132] Max Stirner, *Geschichte der Reaction*, Bd. 2 (Berlin 1852), 6 f.

[133] "Der preußische Landtag während der Jahre 1851 bis 1857", *Preußische Jahrbücher* 1 (1858), 187.

[134] *Brockhaus* 10 판, Bd. 4 (1852), 370.

[135] W. H. Riehl, "Die Aristokratie in ihrem socialen Berufe", *Deutsche Vierteljahrsschrift* (1851), H. 2, 156.

[136] [Hermann Wagener], *Grundzüge der conservativen Politik* (Berlin 1856), 15 f. 18.

[137] Wagener, Bd. 5 (1861), 541 f.

[138] Rudolf Meyer, *Was heißt conservativ sein? Reform oder Restauration?* (Berlin 1873), 14.

[139] Heinrich Leo, "Was ist conservativ?", in: Heinrich Leo, *Nominalistische Gedankenspäne, Reden und Aufsätze* (Halle 1864), 43. 57. 59.

[140] Bismarck, "Brief an Alexander v. Below—Hohendorf", 1861년 9월 18일 FA Bd. 14/1 (1933), 578.

[141] "Wahlaufruf der 'Patriotischen Vereinigung' zu den Wahlen zum Norddeutschen Reichstage"(1866년 12월), *Deutsche Programme*, hg. V. Wilhelm Mommsen (München 1960), 50 게재.

[142] "Wahlaufruf der konservativen Reichstagsfraktion zu den preußischen Landtagswahlen"(1867년 10월), 앞의 글 52 f.

[143] "Programm der 'Monarchisch—nationalen Partei des Reichstags'"(1872), 앞의 글, 62 ff.

[144] "Wahlaufruf der 'neuen konservativen Fraktion' des preußischen Abgeordnetenhauses"(1873), 앞의 글 65.

[145] "Gründungsaufruf der Deutschen Konservativen Partei"(1876), 앞의 글 68.

[146] "Revidiertes Programm der Deutschen Konservativen Partei"(Tivoli—Programm; 1892), 앞의 글 78.

[147] "Wahlprogramm der Freikonservativen Partei"(Oktober 1867), 앞의 글 54 f.

[148] "Freikonservatives Parteiprogramm"(1870), 앞의 글 58. 61.

[149] *Konservatives Handbuch*, hg. v. Angehörigen beider konservativen Parteien, 3판 (Berlin 1898), 315.

[150] *Ratgeber für die Konservativen im Deutschen Reich*, hg. Im Auftrag der Leitung der konservativen Partei (Leipzig 1903), 9.

[151] *Kreuzzeitung*, Nr. 524 (1863).

[152] "Gründungsaufruf der Konservativen Volkspartei"(1930), in: Mommsen, *Parteiprogramme*, 544.

[153] Bismarck, 1897년 9월 4일, Oskar Stillich, *Die politischen Parteien in Deutschland*, Bd. 1 (Leipzig 1908), 18 인용.

찾아보기

인명 · 서명

코젤렉의 개념사 사전 14 — 보수, 보수주의

⊙ 2019년 5월 12일 초판 1쇄 인쇄
⊙ 2019년 5월 19일 초판 1쇄 발행
⊙ 글쓴이   루돌프 피어하우스
⊙ 엮은이   라인하르트 코젤렉·오토 브루너·베르너 콘체
⊙ 기 획   한림대학교 한림과학원
⊙ 옮긴이   이진일
⊙ 발행인   박혜숙
⊙ 책임편집   김 진
⊙ 펴낸곳   도서출판 푸른역사
   우 03044 서울시 종로구 자하문로8길 13
   전화: 02)720−8921(편집부) 02)720−8920(영업부)
   팩스: 02)720−9887
   전자우편: 2013history@naver.com
   등록: 1997년 2월 14일 제13−483호
   ⓒ 한림대학교 한림과학원, 2019

ISBN   979−11−5612−139−8 94900
세트   979−11−5612−141−1 94900